KINDERSPIELE
FÜR DRAUSSEN

INHALT

SPIELE FÜR DRAUSSEN 5

Natur-Rallye	6
Hmm, wie das duftet!	8
Süße Früchtchen	9
Fantasie-Herbarium	10
Was wurde verändert?	12
Auf den Kopf gestellt	13
Schnitzeljagd	14
Wald-Staffellauf	16
Baum-Labyrinth	17
Balanceakt auf dem Baumstamm	18
Es regnet, es regnet, die Erde wird nass	19
Genau gezielt!	20
Natur-Mandala	21
Wo liegt der Schatz?	22
Was ist im Karton?	24
Wer erkennt den Baum?	25
Genau hingehört!	26
Fledermaus im Anflug!	27
Lichter in der Nacht	28
Strandspuren	29
Bockspringen am Strand	30
Seekrank!	31
Schubkarrenrennen	32
Guck nicht so betreten!	33
Strandlaken-Wettkampf	34
Flasche leer!	35

Tatütata, die Feuerwehr ist da! 36

Dame 37

Mühle 38

Leergeräumt! 39

Her mit dem Ball! 40

Und hopp! 41

Hoch zu Ross 42

Kleine Schneehasen 44

Schnee-Engel 45

Schneeball-Feuerwerk 46

Meister Petz, gib Acht! 47

Eiskunst 48

Lauft, so schnell ihr könnt! 49

SPIELE FÜR UNTERWEGS 51

Grüne Welle 52

Katzenjammer-Tour 53

Ich packe meinen Koffer 54

Die endlose Wörterschlange 55

Autobahn-Bingo 56

Jede Menge Sehenswertes! 57

Nummernschilder-Sätze 58

Nummernschilder-Zählerei 59

Ich sehe was, was du nicht siehst 60

Wo geht's lang? 61

Taxi, bitte! 62

Stadt, Land, Fluss 63

SPIELE
FÜR DRAUSSEN

Draußen spielen ist einfach klasse! Bewegung an der frischen Luft tut gut und macht Spaß. In diesem Kapitel gibt es jede Menge Ideen für lustige und spannende Spiele im Freien – für jede Jahreszeit und jedes Wetter.

NATUR-RALLYE

Dieses Spiel erfordert einen (erwachsenen) Spielleiter. Es eignet sich besonders gut für größere Kindergruppen und sollte so geplant werden, dass man längere Zeit (ein paar Stunden oder einen halben Tag lang) in einem Gebiet verweilt. Auch ein größeres Picknick im Anschluss kann eingeplant werden!

Vor Spielbeginn ist etwas Vorbereitung notwendig: Der Spielleiter wählt ein nicht zu großes Spielgelände in der Natur aus und geht dieses auf mögliche Spielideen ab. Stößt er dabei auf unwegsames Gelände oder unerwartete Gefahrenstellen, sollte er ein anderes Gelände wählen. Abhängig von den vorhandenen Gegebenheiten erstellt er dann eine Liste mit spielerischen Aufgaben, die die Kinder später bewältigen sollen.

Hier ein paar Ideen für Aufgaben: Den Umfang eines Baumes aus drei vorgegebenen Möglichkeiten richtig einschätzen, ein verstecktes Behältnis mit kleineren Gegenständen darin finden und einen Gegenstand als Beweis entnehmen, Blätter von fünf verschiedenen Baumarten sammeln, eine Schnur aus Gras flechten und so weiter. Hat der Spielleiter genügend Aufgaben zusammengestellt, legt er die maximale Zeit fest, innerhalb welcher alle Aufgaben zu bewältigen sind.

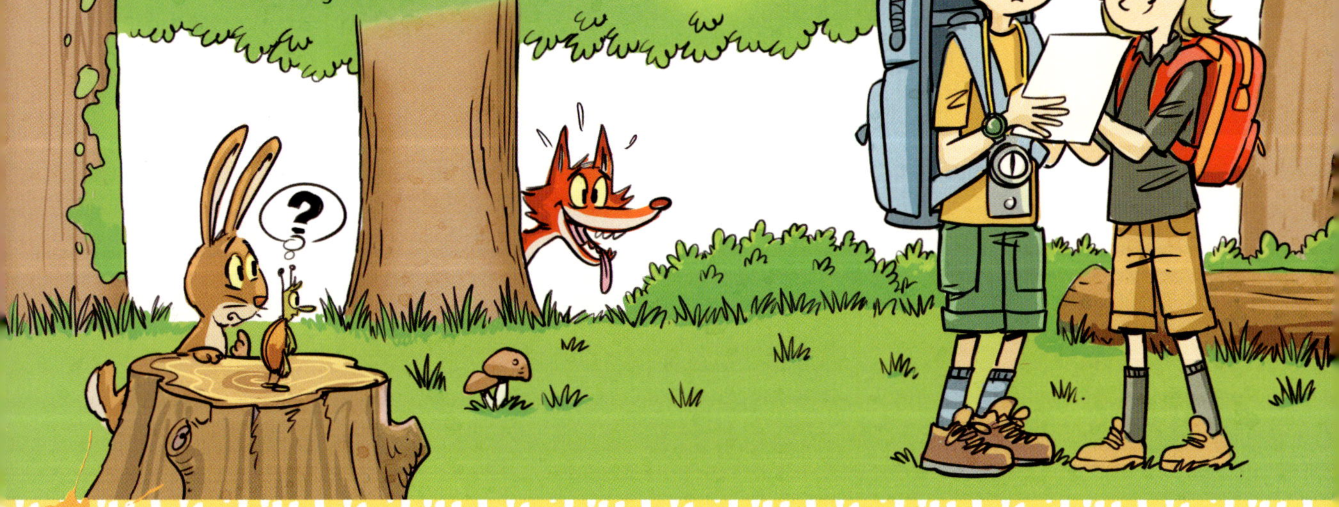

Nun beginnt das eigentliche Spiel: Die Kinder finden sich paarweise zusammen. Jedes Paar erhält denselben Aufgabenzettel und einen Stift. Sobald die Uhr läuft, gilt es, die geforderten Aufgaben so schnell wie möglich zu bewältigen. Jede erledigte Aufgabe wird abgehakt. Soll etwas gesammelt oder gebastelt werden, werden die fertigen Ergebnisse in Taschen oder Rucksäcken mitgenommen.

Gewonnen hat schließlich das Paar, das den Ausgangspunkt als Erstes erreicht und alle Aufgaben richtig gelöst hat. Belohnt werden am besten aber alle – nämlich mit einer ausgiebigen Pause und einem ordentlichen Picknick!

HMM, WIE DAS DUFTET!

Dieses Spiel wird auf einer Wiese oder Lichtung voll duftender Blumen gespielt – am besten im Frühjahr oder Frühsommer.

Ein Spielleiter sucht sich eine intensiv duftende Pflanze und zerreibt sie zwischen den Fingern. Dann lässt er die anderen an den Fingern riechen. Diese sollen nun so schnell wie möglich eine Wiesenblume finden, die genauso riecht, und diese pflücken. Wer zuerst mit der richtigen Pflanze zurückkehrt, hat gewonnen.

Tipp: Ist ein Bestimmungsbuch zur Hand, können anschließend alle gemeinsam schauen, wie die Pflanze heißt und was ihre Besonderheiten sind.

SÜSSE FRÜCHTCHEN

Vor Spielbeginn wird eine Startlinie festgelegt und eine Schüssel mit Wasser und reifen Kirschen darin vorbereitet. Die Schüssel sollte etwa halbvoll mit Wasser gefüllt werden, sodass die Kirschen obenauf schwimmen.

Die erste Aufgabe der Spieler besteht nun darin, jeweils eine Kirsche mit dem Mund aus dem Wasser zu fischen, ohne die Hände zu Hilfe zu nehmen. Dann sollte jeder das Fruchtfleisch essen, den Kern aber im Mund behalten. Jetzt reihen sich alle nebeneinander an der Startlinie auf. Ein Spieler nach dem anderen spuckt seinen Kern so weit er kann. Gewonnen hat natürlich derjenige, dessen Kirschkern am weitesten geflogen ist!

Spieler mind. 2

Alter ab 6

Material
- ✔ Schüssel
- ✔ Kirschen
- ✔ Wasser

Kirschkern-Weitspucken mit Zusatzaufgabe

FANTASIE-HERBARIUM

Material

- ✔ schwere Bücher
- ✔ alte Zeitungen
- ✔ Papier oder Tonkarton
- ✔ Kleber
- ✔ ein Locher
- ✔ ein Zierband oder ein dicker Wollfaden

Im Frühjahr oder Frühsommer werden verschiedene Wiesenpflanzen gesammelt und anschließend gepresst.

Eine schöne Erinnerung an einen Wandertag über Wiesen und Feldwege ist ein selbst gemachtes Herbarium, also ein Buch mit gepressten Pflanzen. Hierbei geht es natürlich nicht um einen Wettbewerb, sondern um das aktive Erleben in der Natur.

Während der Wanderung sammeln die Kinder verschiedenste Blumen und Gräser. Sie versuchen, sich den Fundort und den Geruch der Pflanzen genau einzuprägen. Wieder zurück in der Unterkunft oder zu Hause machen sie ihre Funde haltbar, indem sie sie pressen. Das geht so: Jedes Fundstück wird einzeln auf ein Stück Zeitung gelegt und dann mit einem weiteren Zeitungsblatt abgedeckt. Die Kinder sollten dabei sorgfältig darauf achten, dass nichts verknickt. Sind sie mit dem Einschlagen fertig, legen sie die Wiesenfunde zwischen die Seiten eines dicken Buches. Dann wird dieses Buch mit weiteren Büchern beschwert. Bis die Pflanzen vollständig getrocknet sind, kann es einige Tage dauern.

In der Zwischenzeit können die Kinder die Seiten für das Herbarium vorbereiten: Ein Stapel Papiere oder einige Bögen Tonkarton werden gelocht und mit hübschen Bändern zusammengebunden. Sobald die Pflanzen getrocknet sind, werden sie einzeln aufgeklebt. Dann dürfen die Kinder ihrer Fantasie freien Lauf lassen und den Pflanzen kreative Namen geben, beispielsweise „Zitronengelbe Schmetterlingsblume" oder „Kritzekratze-Gras". Alles, was ihnen vom Wandertag noch in Erinnerung geblieben ist – also der Standort der Pflanze, ihr Duft, die Tiere, die die Pflanze besucht haben und so weiter – notieren sie ebenfalls. So entsteht eine ganz einzigartige Erinnerung an einen herrlichen Wandertag! Kleinere Kinder können natürlich genauso mitmachen – die Texte werden einfach durch kleine Zeichnungen ersetzt.

WAS WURDE VERÄNDERT?

Material

✔ verschiedene Naturfunde

Ein schönes Natur-spiel für Wald, Feld und Wiese

Tipp: Wenn genügend Spieler vorhanden sind, können sie sich auch in zwei Mannschaften aufteilen. Die Mannschaft, die die meisten Veränderungen entdeckt, gewinnt.

Ein Kind ist der Spielleiter, die anderen sind die „Adleraugen". Vor Spielbeginn wird gemeinsam ein quadratisches Spielfeld mit einer Seitenlänge von ungefähr einem Meter angelegt. Die Ränder werden entweder in den weichen Boden gezeichnet oder durch aneinandergereihte Stöcke markiert. Nun werden verschiedene Naturfunde hineingelegt: Blätter, Äste, Tannen-zapfen, Blüten, Beeren, Nüsse und so weiter.

Jetzt beginnt das eigentliche Spiel: Die „Adleraugen" bekom-men etwa eine Minute Zeit, sich die Gegenstände und deren Lage genau einzuprägen. Dann halten sie sich die Augen zu oder drehen sich mit dem Rücken zum Spielfeld. Der Spielleiter verändert nun drei Dinge: Er nimmt zum Beispiel einen Gegen-stand weg, fügt einen anderen hinzu und verändert die Lage eines dritten Gegenstandes.

Auf sein Kommando hin dürfen die anderen Kinder wieder die Augen öffnen und sollen nun so schnell wie möglich heraus-finden, was verändert wurde.

AUF DEN KOPF GESTELLT

Ein Spielleiter legt zunächst eine Wegstrecke von ungefähr 20 bis 30 Metern fest. Dann geht er diese Strecke mit allen Spielern gemeinsam langsam ab. Diese achten dabei jedoch nicht auf das, was vor oder neben ihnen liegt, sondern sie schauen nach oben! Denn sie müssen sich die Baumkronen dort oben genau einprägen, um den Weg später wiederzufinden. Wichtig ist deshalb auch, dass es auf der Wegstrecke keine Stolperfallen durch Baumwurzeln, Steine oder Sonstiges gibt!

Zum Spielbeginn stellen sich nun alle Spieler hintereinander an der vereinbarten Startlinie auf. Der Spielleiter begibt sich an die Ziellinie und bedient die Stoppuhr. Der erste Spieler erhält den Handspiegel. Auf ein Zeichen des Spielleiters hin hält der Spieler den Spiegel genau unter seine Nase, sodass er den Weg selbst nicht mehr sehen kann, wohl aber die Baumkronen, die sich im Spiegel abbilden. Dann versucht er, so schnell wie möglich das Ziel zu erreichen. Die zuschauenden Kinder dürfen ihm dabei Hilfestellungen wie „Heiß!" oder „Kalt!" geben. Hat er das Ziel schließlich erreicht, wird die Uhr gestoppt und die Zeit notiert. Dann erhält der nächste Spieler den Spiegel und läuft seinerseits los. Wer den Weg letztlich am schnellsten bewältigt, hat das Spiel gewonnen.

Material
- ✔ ein Handspiegel (oder mehrere)
- ✔ eine Stoppuhr
- ✔ ein Notizblock
- ✔ ein Stift

Der Wald steht Kopf: Ein Wettlauf unter erschwerten Bedingungen

Spieler mind. 8
(2 Mannschaften)

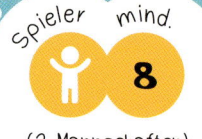

Alter ab 7

Schnitzeljagd

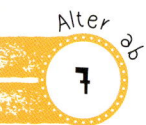

Material

- Holzspäne oder kleine Äste und Zweige
- eine Stoppuhr
- zur Sicherheit Handys

Eine Schnitzeljagd ist für Kinder sehr spannend und macht in größeren Gruppen besonders viel Spaß!

Die Kinder teilen sich in zwei möglichst gleich große Gruppen auf: Die einen sind die „Fährtenleger", die anderen die „Spurensucher". Die Fährtenleger laufen nun zuerst los und legen auf ihrem Weg Hinweise für die Spurensucher. Sie können dazu beispielsweise ein Säckchen mit Holzspänen füllen und die Späne an markanten Punkten auf den Boden streuen. Oder sie legen mit Ästen und Zweigen Pfeile, die in die Richtung weisen, in die sie laufen.

Ab und zu dürfen die Kinder auch falsche Fährten legen. Beispielsweise an Weggabelungen: Dann führt eine Spur in die richtige Richtung, die andere aber in eine Sackgasse. Nach maximal 20 Minuten sollten die Fährtenleger ihren Weg beenden und auf die Ankunft der Spurensucher warten.

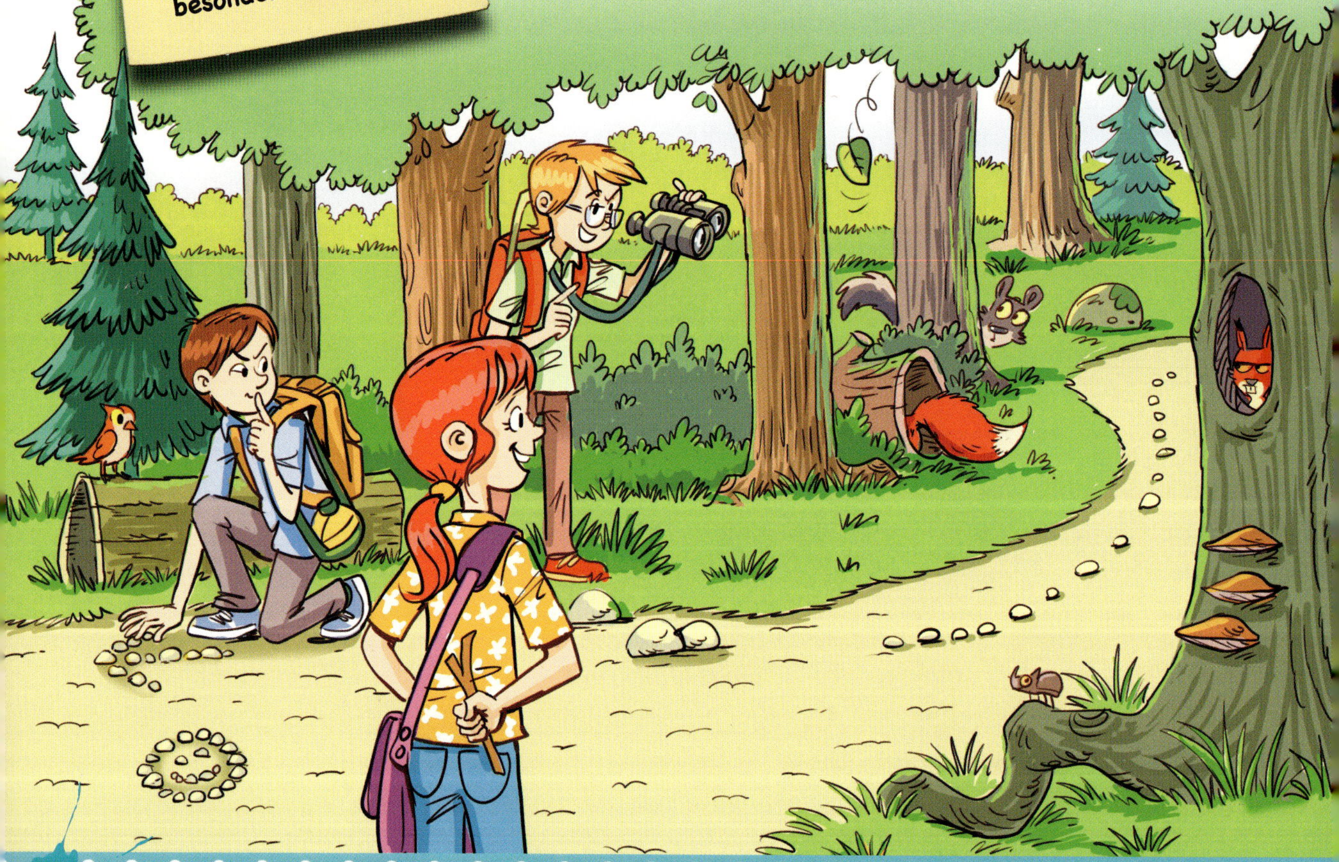

Die Spurensucher wiederum folgen den Fährtenlegern in einem Abstand von ungefähr zehn Minuten. Die Kinder müssen versuchen, die erste Gruppe möglichst schnell anhand der Spuren zu finden. Lassen sie sich dabei von den absichtlich gelegten falschen Spuren irritieren, verlängert sich natürlich die Zeit, die sie zum Auffinden der Fährtenleger benötigen.

Die Fährtenleger können es sich einstweilen erst einmal gemütlich machen. Ob es sich lohnt, schon mal die Pausenbrote auszupacken?

WALD-STAFFELLAUF

Material

✓ Fichten- oder Tannenzapfen

Dieses Spiel erfordert nicht nur Schnelligkeit, sondern auch viel Geschick!

Vor Spielbeginn wird eine Rennstrecke festgelegt und durch zwei Linien markiert. Dann teilen sich die Kinder in zwei gleich große Mannschaften auf. Jeweils die Hälfte der Spieler einer Mannschaft begibt sich an die eine Linie und die andere Hälfte an die gegenüberliegende Linie.

Die ersten Spieler beider Mannschaften erhalten nun jeweils einen Fichten- oder Tannenzapfen. Diesen legen sie sich auf die Stirnen (oder einfacher: auf die Köpfe). Auf Los laufen beide los und versuchen so schnell wie möglich die gegenüberliegende Seite zu erreichen, wo die nächsten Spieler auf sie warten. Doch das ist gar nicht so einfach, denn sie müssen die Zapfen vorsichtig balancieren. Kullert ein Zapfen herunter, muss der jeweilige Spieler wieder zu seinem Startpunkt zurückkehren und von Neuem beginnen.

Hat ein Spieler schließlich die gegenüberliegende Seite erreicht, gibt er seinen Zapfen an den nächsten Spieler seiner Mannschaft weiter. Dieser legt sich den Zapfen auf die Stirn (oder auf den Kopf), läuft drauflos und so weiter. Es gewinnt die Mannschaft, deren letzter Spieler zuerst mit dem Zapfen ins Ziel einläuft.

Spieler mind. 2

Alter ab 6

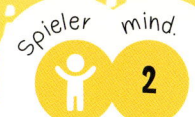

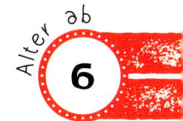

Baum-Labyrinth

Ein Kind ist der Spielleiter, ein anderes wird für die erste Runde als Spieler erwählt. Dem Spieler werden die Augen verbunden. Dann führt der Spielleiter das Kind ein kleines Stück durch den Wald oder Park. Nacheinander führt er es an drei verschiedene Bäume heran. Das Kind soll nun die Bäume ertasten und sich deren Rindenstruktur, Verzweigungen, Blätterformen und Wurzeln ganz genau einprägen. Dann führt es der Spielleiter auf einem anderen Weg wieder zurück zum Ausgangspunkt.

Nun wird dem Kind die Augenbinde abgenommen. Es soll versuchen, den zuvor gegangenen Weg wiederzufinden und die Bäume zu erkennen, die es ertastet hat. Wird es ihm wohl gelingen?

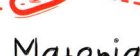

Material

- ✔ ein Tuch oder ein Schal zum Augenverbinden

Ein Tastspiel, bei dem die Sinneserfahrung in der Natur im Vordergrund steht

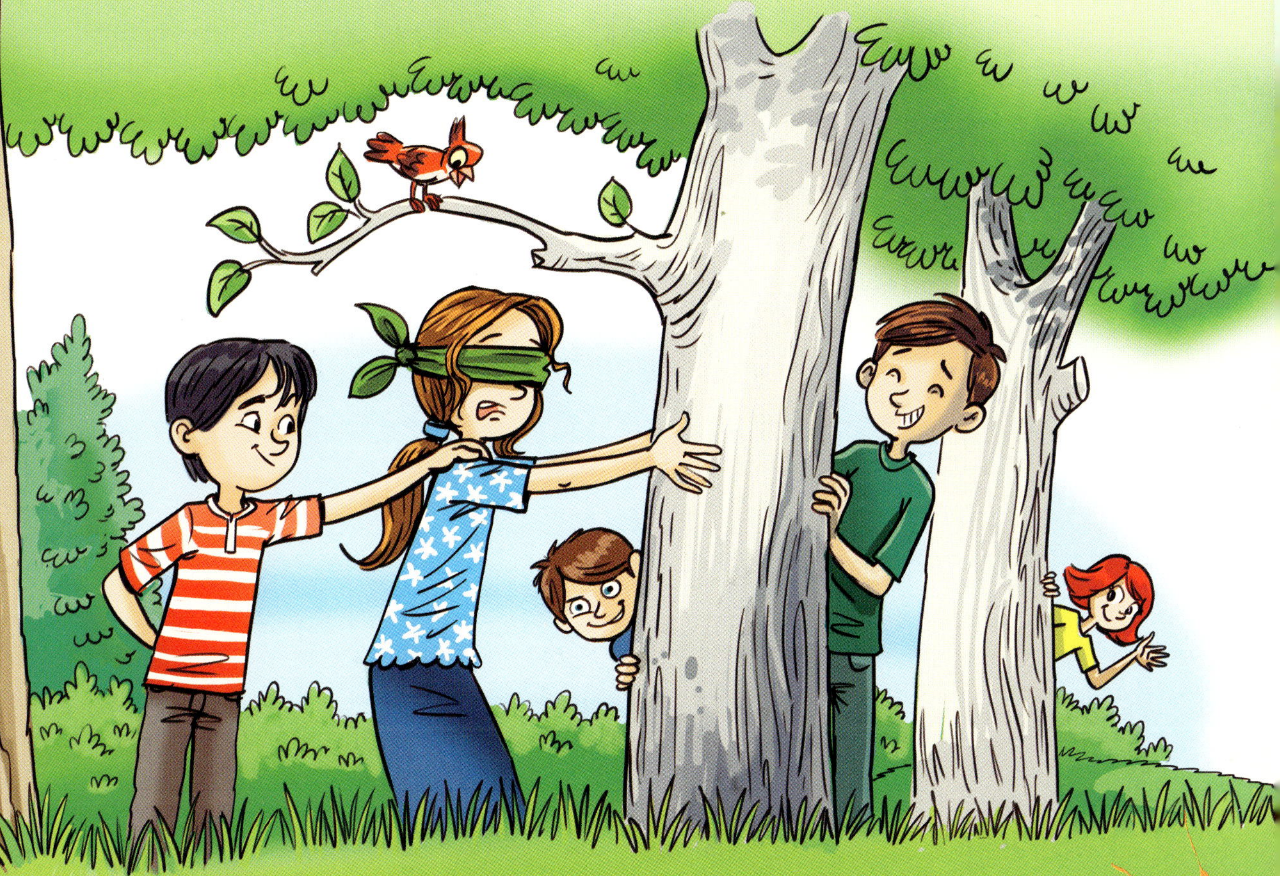

Spieler mind. 2

Alter ab 7

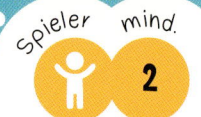

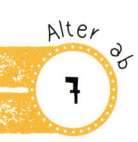

Balanceakt auf dem Baumstamm

Material

- ein großer liegender Baumstamm (z.B. von einer alten Eiche)

Ein Spiel, bei dem der Gleichgewichtssinn trainiert wird

Zwei Kinder stehen sich auf einem liegenden Baumstamm balancierend gegenüber. Nun versuchen sie, sich gegenseitig von diesem Stamm zu verdrängen. Sie rangeln also miteinander und versuchen sich herunterzuschubsen. Gleichzeitig müssen sie die Balance halten. Also ein richtig schön anstrengendes Spiel!

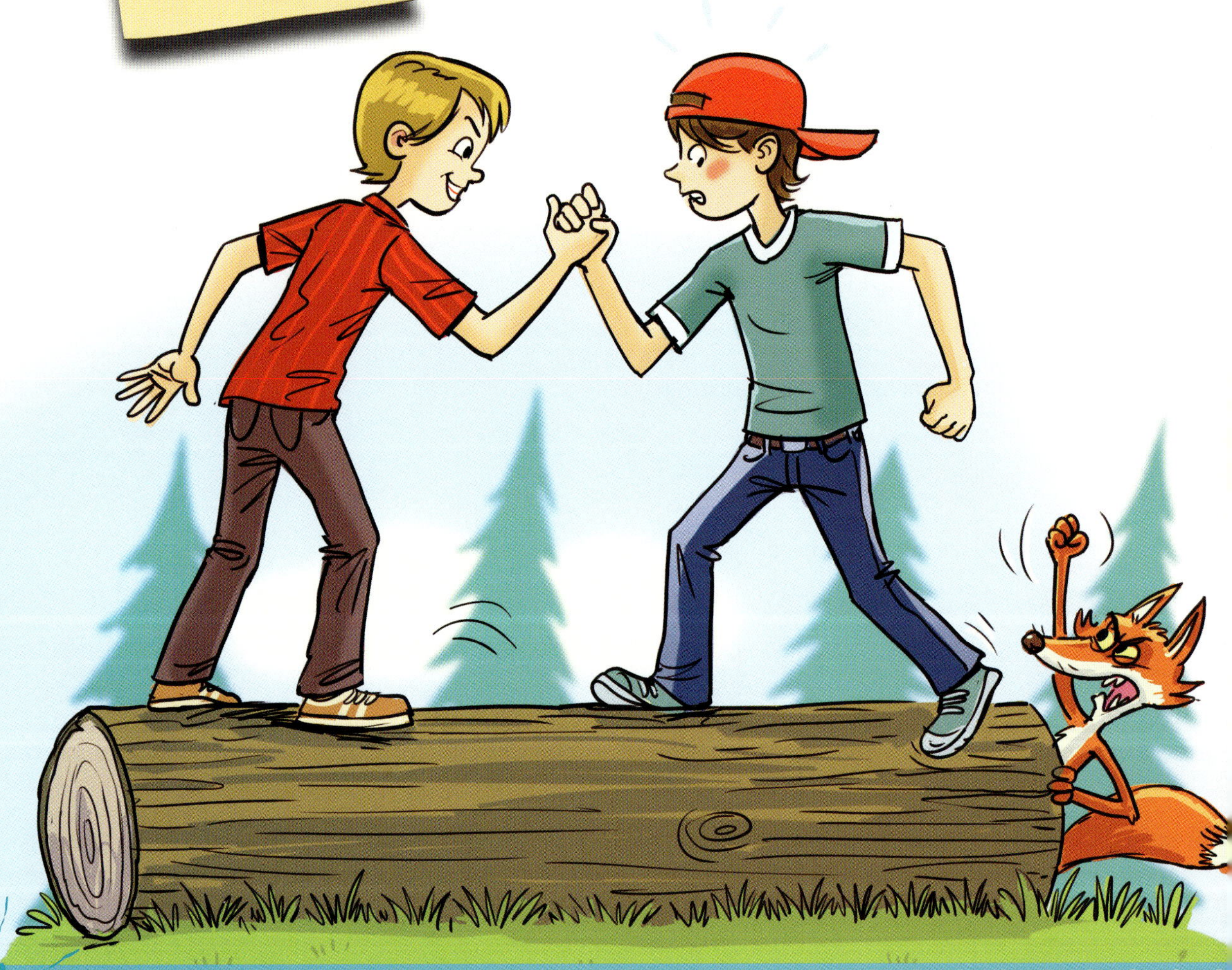

Spieler mind. 2

Alter ab 4

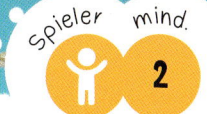

Es regnet, es regnet, die Erde wird nass ...

Schlechtes Wetter? Gibt's nicht!

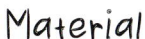

Material

- Pappbecher
- Regenkleidung
- ein Filzstift oder ein Textmarker

Wenn es draußen regnet, heißt das noch lange nicht, dass man nur drinnen spielen kann. Für dieses Spiel ist nämlich möglichst viel Regen erwünscht!

Die Kinder ziehen sich Regenjacken und Gummistiefel an. Dann erhält jedes einen Pappbecher. Jetzt begeben sich alle nach draußen und versuchen, so viele Regentropfen wie möglich aufzufangen. Nach einer zuvor festgelegten Zeit kehren alle wieder ins Haus zurück. Dann werden die Becher nebeneinandergestellt und verglichen. Etwas leichter geht das, wenn man die Füllmenge von jedem Becher mit einem waagerechten Strich markiert. Wer hat nun das meiste Wasser aufgefangen und darf sich ein neues Spiel aussuchen?

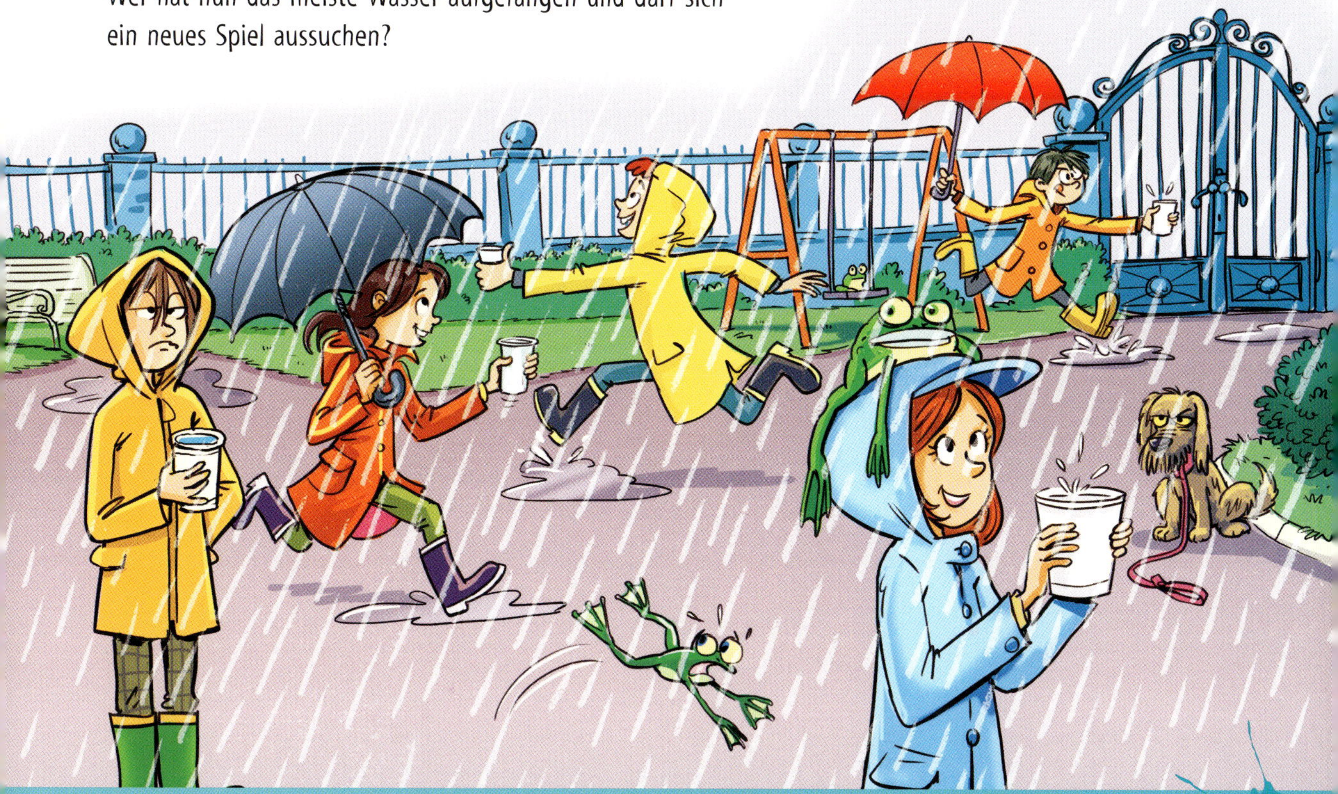

Spieler mind. 2

Alter ab 5

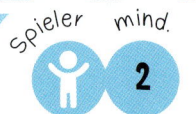

Genau gezielt!

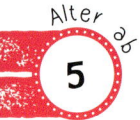

Material

- Tannenzapfen, Kastanien, Eicheln, Steinchen oder Sonstiges zum Werfen
- dünne, leicht biegbare Zweige

Korbball mit Naturmaterialien

Vor Spielbeginn werden die benötigten Materialien gesammelt: Tannenzapfen, Eicheln, Kastanien, kleine Steinchen oder Ähnliches zum Werfen sowie ein paar leicht biegbare Zweige für den „Korb". Jetzt wird der Korb gebastelt: Dazu biegt und verflicht man die Zweige so, dass man einen stabilen Ring mit einem Durchmesser von ungefähr 15 Zentimetern erhält. Dieser Ring wird an einen höheren Ast gehängt.

Jetzt gilt es, von einer festgelegten Linie aus nacheinander die gesammelten Gegenstände durch den Ring zu werfen. Für jeden Treffer gibt es einen Punkt. Wer wird die meisten Punkte erzielen?

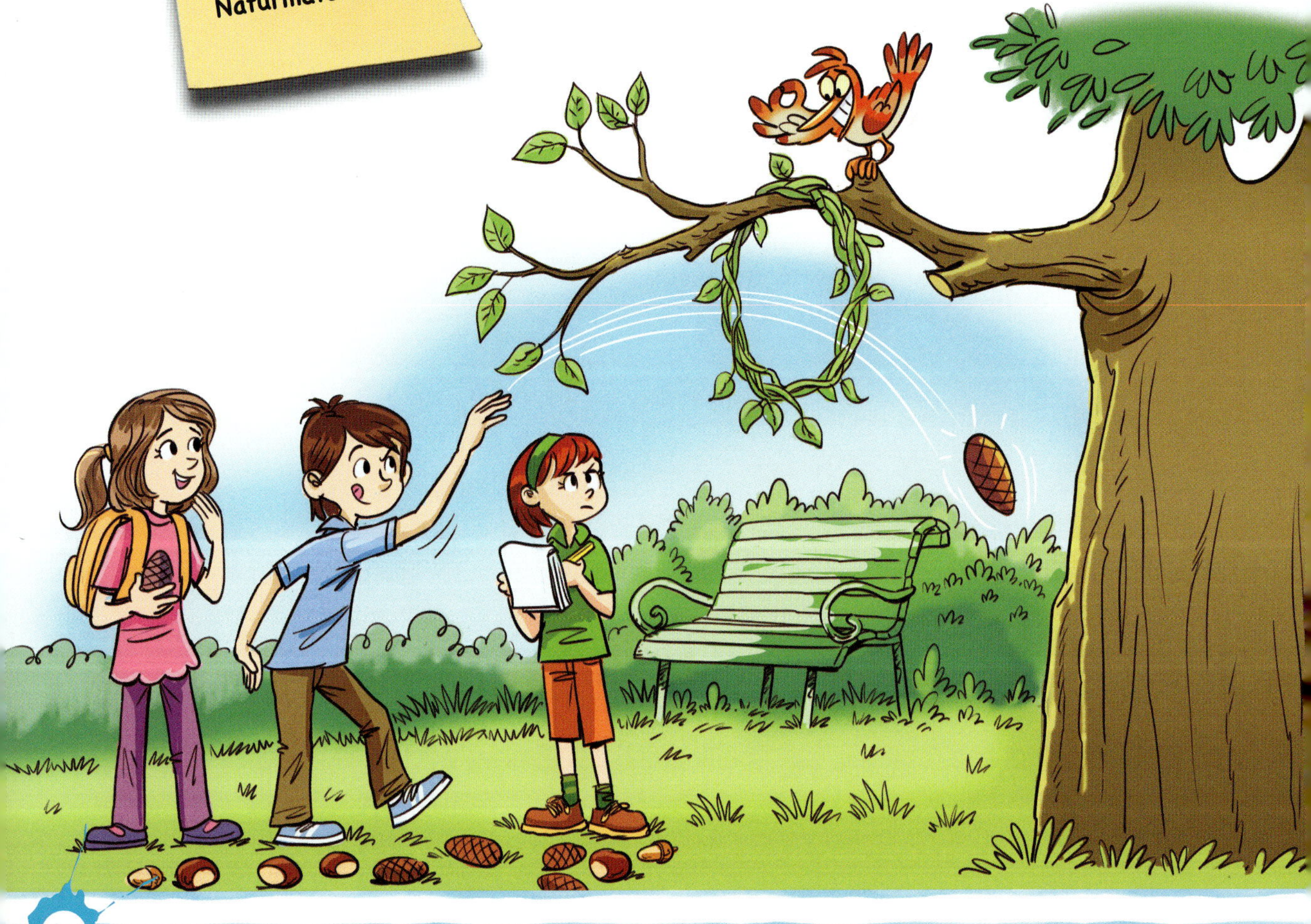

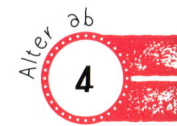
NATUR-MANDALA

Ob draußen im Wald, im Park, am Strand oder auf der Wiese – überall in der Natur lassen sich hübsche Dinge finden, aus denen man ein Mandala erstellen kann! Dazu sammeln die Kinder erst einmal alles, was ihnen gefällt. Bei größeren Gruppen können auch verschiedene Suchaufträge vergeben werden: Ein Team sammelt beispielsweise Blätter, das nächste Blüten, ein anderes Steinchen und so weiter.

Anschließend wird aus den gesammelten Materialien ein Gemeinschafts-Mandala gelegt. Dazu zeichnet man einen großen Kreis in den weichen Boden. Je nach Belieben kann der Kreis nun in mehrere Felder unterteilt werden. Und dann platzieren die Kinder ihre Funde möglichst symmetrisch. Es entsteht ein wunderschönes Gemeinschaftswerk!

Material

✔ verschiedene Naturmaterialien, z.B. Blätter, Blumen, Steinchen, Federn oder Muscheln

✔ evtl. ein Seil zum Zeichnen eines Kreises

Ein vergängliches, aber umso schöneres Kunstwerk aus Naturmaterialien

Tipp: Wer den Kreis besonders exakt zeichnen möchte, kann ein Seil zu Hilfe nehmen: Dann hält ein Kind das eine Seilende und bleibt an einem Ort stehen. Ein weiteres Kind ergreift das andere Ende, sodass das Seil straff gespannt ist. Es läuft nun einmal im Kreis um das Kind in der Mitte herum und zeichnet dabei die Außenlinie des Kreises in den Boden.

Spieler mind. 7

Alter ab 7

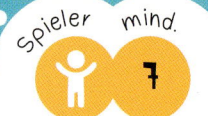

Wo liegt der Schatz?

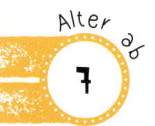

Material

- fünf Butterbrotdosen oder andere, verschließbare Plastikbehälter
- Schokoriegel und Bonbons
- etwas Papier
- ein Stift
- eine Stoppuhr
- zur Sicherheit ein Handy

Dieses spannende Spiel kann man im Gelände, im Wald oder auch mitten in der Stadt spielen! Die Vorbereitungen sollten ein paar Stunden oder auch einen Tag zuvor getroffen werden – entweder von einem Spielleiter allein oder von mehreren. Dazu wird zunächst ein geeignetes Gelände mit verschiedenen Versteckmöglichkeiten gesucht und innerhalb dieses Geländes eine Strecke von maximal einem Kilometer festgelegt. Dann bestimmt man fünf Stationen auf dieser Strecke, die später als Verstecke dienen sollen.

Dieses Spiel erfordert etwas mehr Vorbereitung. Für die Planung und das Spiel zusammen sollte mindestens ein halber Tag eingerechnet werden!

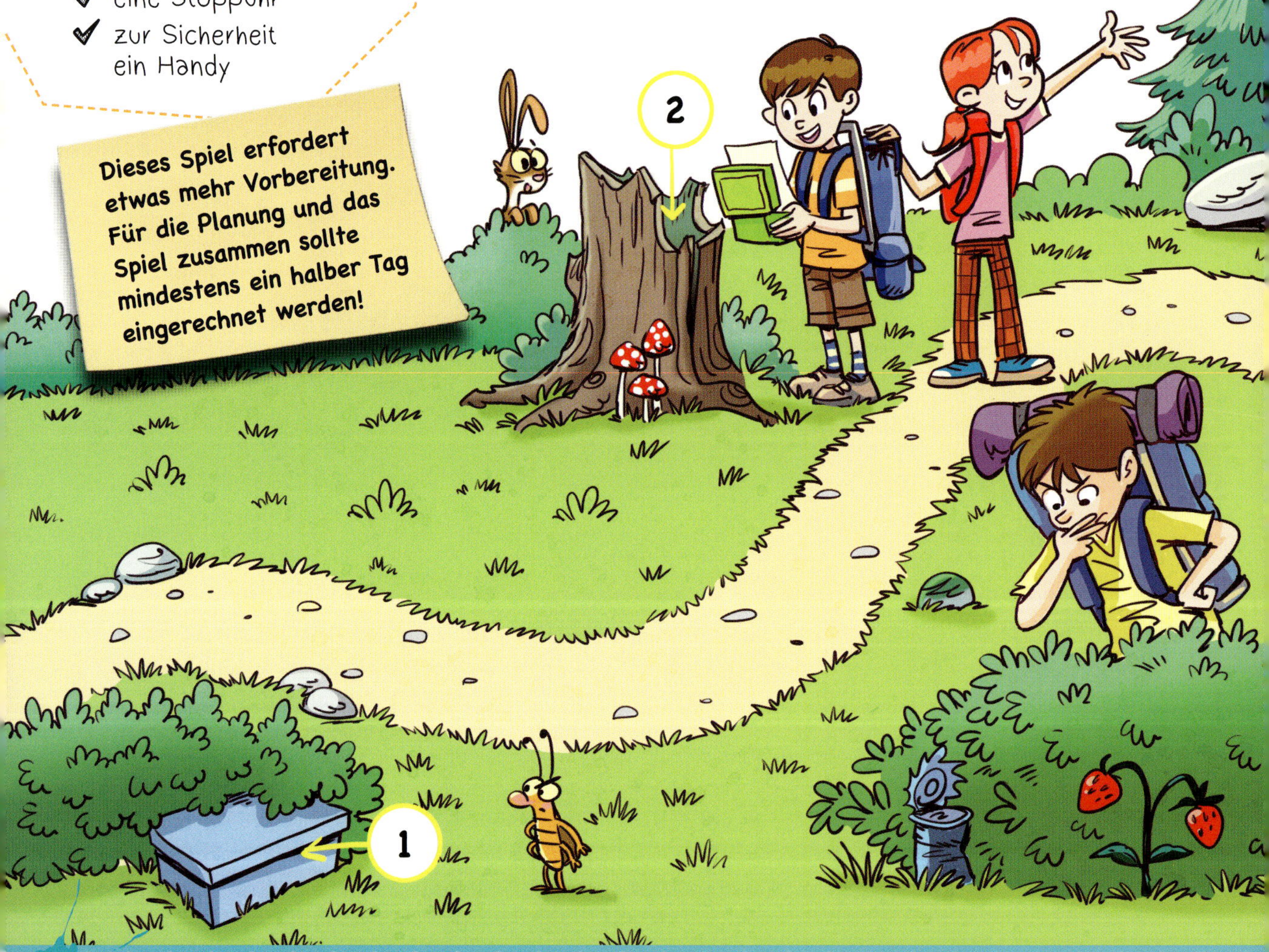

3

Zurück zu Hause werden nun fünf Butterbrotdosen vorbereitet: Die ersten vier Dosen werden mit Zetteln bestückt, die Hinweise zum Erreichen der jeweils nächsten Station enthalten. Die letzte Dose wird mit „Schätzen" gefüllt, also mit jeder Menge Süßigkeiten. Dann geht's wieder raus und die Dosen werden an den jeweiligen Stationen versteckt.

Nun beginnt das eigentliche Spiel: Der Spielleiter teilt den Spielern mit, wo sie die erste Dose finden werden. Er sagt beispielsweise: „Geht 100 Meter geradeaus, dann kommt ihr an eine Weggabelung. Dort wählt ihr den linken Pfad und geht so weit, bis ihr rechts einen einzeln stehenden Baum seht. Unter seinen Wurzeln müsst ihr suchen!" Ab jetzt läuft die Zeit! Wie lang werden die Schatzsucher wohl benötigen, um am Ende die wohlverdiente Belohnung zu finden?

4

5

Alter ab

4

WAS IST IM KARTON?

Material

- ✓ ein alter Schuhkarton
- ✓ eine Schere
- ✓ verschiedene Naturmaterialien wie Tannenzapfen, Muscheln, Federn und so weiter

In diesem Spiel steht der Tastsinn im Vordergrund.

Ein Spielleiter übernimmt die Vorbereitungen: Zunächst wird seitlich in einen Schuhkarton ein kreisrundes Loch geschnitten, das so breit sein sollte, dass eine Kinderhand bequem hindurchpasst. Dann wird der Karton mit verschiedensten Fundstücken aus der Natur bestückt und der Deckel wieder geschlossen.

Jetzt kann das Spiel beginnen: Reihum wird der Karton von einem Kind zum anderen gereicht. Jedes Kind greift durch das seitliche Loch in den Karton hinein und versucht durch Tasten herauszufinden, was er enthält. Glaubt es, einen Gegenstand erkannt zu haben, ruft es dessen Namen laut aus. Dann gibt es den Karton an das nächste Kind weiter, das ebenfalls einen Gegenstand benennen soll, und so weiter.

Waren alle einmal an der Reihe, wird der Deckel – und somit das Geheimnis – gelüftet. Ob alle Kinder richtiglagen?

WER ERKENNT DEN BAUM?

Dieses Spiel spielt man am besten in einem Wald oder einem Park mit Bäumen. Ein Umkreis von 30 Metern sollte dabei nicht überschritten werden. Jedes Kind erhält einen Bogen Papier und einen Wachsmalstift. Dann zieht jedes einzeln los und sucht sich einen Baum. Das Papier wird nun an die Rinde gelegt, und dann rubbelt das Kind die Struktur der Rinde mithilfe des Wachsmalstiftes ab. Zuletzt schreibt es seinen Namen auf das Papier.

Sobald die Kinder wieder zusammengefunden haben, werden alle Rubbelbilder eingesammelt und einmal durchmischt. Jetzt zieht jedes Kind eines der Bilder aus dem Stapel. Nun gilt es, die dazu passenden Bäume wiederzufinden. Glauben die Kinder, den richtigen Baum entdeckt zu haben, bleiben sie dort stehen. Wenn alle einen Baum ausgewählt haben, lesen sie laut den Namen des Rubbelbild-Malers vor. Und der sagt ihnen dann, ob sie richtig geraten haben oder nicht!

Material
- ✔ Papier
- ✔ Wachsmalstifte

Verschiedene Bäume sollen anhand ihrer Rindenstruktur erkannt werden.

Tipp: Wer sein eigenes Blatt zieht, darf es natürlich wieder zurückgeben!

Alter ab 5

GENAU HINGEHÖRT!

Material

✔ kleinere und größere Steine

Ein Sinnesspiel für die Ohren, das bei der Rast an einem Bach oder am See gespielt werden kann

Vor Spielbeginn sammeln die Kinder verschieden große Steine und legen sie zusammen auf einen Haufen. Dann werden die Steine in kleinere und deutlich größere unterteilt. Ein Kind übernimmt nun die Spielleitung, die anderen stellen sich nebeneinander mit dem Rücken zum Ufer auf.

Dann wirft der Spielleiter einen ersten Stein ins Wasser und das erste Kind in der Reihe muss anhand des Geräusches, das der Stein verursacht, erraten, ob es sich um einen kleineren oder einen größeren Stein gehandelt hat. Dann wird der nächste Stein geworfen und das zweite Kind muss genau hinhören, und so weiter. Für jeden richtig erratenen Stein gibt es einen Punkt. Gespielt werden insgesamt fünf Runden. Wer hat danach wohl am meisten Punkte erzielt?

Tipp: Vor Spielbeginn ist ein Probelauf sinnvoll, in dem die Kinder erst einmal lauschen, wie unterschiedlich es klingt, wenn verschieden große Steine auf das Wasser auftreffen.

FLEDERMAUS IM ANFLUG!

So, wie eine Fledermaus mithilfe des Schalls Nachfalter und andere Insekten findet, soll auch in diesem Spiel ein Fänger seine „Opfer" nur durch deren Geräusche entdecken. Dazu wird zunächst ein Spielfeld mit ungefähr vier Metern Durchmesser abgesteckt. Dann werden dem Fänger – also der „Fledermaus" – die Augen verbunden. Die „Nachtfalter" bewegen sich nun innerhalb des Spielfeldes ganz leise um die Fledermaus herum.

Dann sendet die Fledermaus ihre Schallgeräusche aus: „Piep, piep!" Und die Nachtfalter antworten darauf mit kurzen Geräuschen, zum Beispiel mit Klatschen, Schnipsen oder Pfeifen. Das wird mehrmals wiederholt. Die Fledermaus versucht nun, einen Nachtfalter nach dem anderen zu erhaschen. Wer abgetickt wurde, verlässt das Spielfeld und schaut den anderen zu. Ob die Fledermaus wohl so feine Ohren hat, dass sie alle Nachtfalter erwischt?

Material
- ✔ ein Tuch oder Schal zum Augenverbinden
- ✔ evtl. Taschenlampen

Dieses Spiel kann bei Tag oder bei Nacht gespielt werden. Die richtige Fledermaus-Stimmung verbreitet sich natürlich am ehesten nachts und draußen!

Spieler mind.

4

(2 Mannschaften)

Alter ab

7

LICHTER IN DER NACHT

Material

✔ mehrere Taschen-lampen

Das perfekte Spiel für eine Nacht-wanderung!

Die Kinder teilen sich in zwei etwa gleich große Teams auf. Dann erhalten alle Spieler eine Taschenlampe. Nun darf das erste Team mit einem Vorsprung von ungefähr fünf Minuten fortlaufen. Auf ihrem Weg geben die Kinder dieses Teams in regelmäßigen Abständen kurze Lichtsignale.

Nach Ablauf der ersten fünf Minuten macht sich das zweite Team an die Verfolgung. Es versucht, das erste Team so schnell wie möglich einzuholen. Ganz schön spannend!

STRANDSPUREN

Es gibt einen „Fährtenleger" und mehrere „Spurensucher". Zunächst wird das Spielfeld vorbereitet: Die Spurensucher legen gemeinsam ein Feld von ungefähr ein mal ein Meter an. Dazu befeuchten sie den Sand und klopfen ihn anschließend schön glatt. Das Spielfeld sollte nun eine feste, ebene Fläche sein, es darf also nicht zu viel Wasser verwendet werden. Währenddessen sucht sich der Fährtenleger verschiedene Strandgegenstände, zum Beispiel Muscheln, Sandförmchen, ein Sieb und so weiter. Diese Gegenstände sollten die Spurensucher möglichst nicht sehen!

Nun beginnt das eigentliche Spiel: Die Spurensucher setzen sich um das Spielfeld herum und halten sich die Augen zu. Der Fährtenleger drückt die gesammelten Gegenstände in den feuchten Sand, sodass schöne Abdrücke entstehen. Dann versteckt er die Gegenstände unter einem Handtuch oder in einer Strandtasche und fordert die Spurensucher auf, die Augen zu öffnen. Jetzt dürfen diese die Abdrücke untersuchen: Was ist hier zu sehen? Für jede richtig erratene Spur gibt es den passenden Gegenstand vom Fährtenleger. Wer am Ende die meisten Strandutensilien gesammelt hat, hat gewonnen.

Material

✔ Strandfunde und Strandutensilien
✔ etwas Wasser

Dieses Spiel kann am Meer oder Baggersee gespielt werden! Es geht um Abdrücke, die man im feinen Sand erkennt.

BOCKSPRINGEN AM STRAND

Bockspringen: Zu spielen auf festem, sandigem Untergrund in seichtem Wasser!

Das erste Kind stellt sich nach vorn gebeugt hin und stützt die Hände auf den Knien ab. Die Füße sollten etwa hüftbreit stehen. Das zweite Kind nimmt Anlauf, springt mit gegrätschten Beinen von hinten über den Rücken des ersten und drückt sich dabei mit beiden Händen kräftig ab. Nach der spritzigen Landung im Wasser stellt es sich ebenso auf wie das erste Kind, aber in einigem Abstand zu ihm. Nun nimmt das dritte Kind Anlauf und springt hintereinander über die Rücken seiner Mitspieler. Und so geht es immer weiter, Strand auf, Strand ab. Je mehr Kinder mithüpfen, desto mehr Spaß macht es!

Tipp: Bei größeren Gruppen kann daraus ein Mannschafts-Wettbewerb werden!

Spieler mind. 7

Alter ab 7

Seekrank!

Ein lustiges Kreisspiel im Wasser

Ein Spieler spielt den „Seekranken“ und stellt sich ins hüfthohe Wasser. Die übrigen Spieler bilden einen engen Kreis um ihn herum.

Nun beginnt der Seekranke, auf der Stelle zu schwanken. Er kippt schließlich so weit zur Seite, dass er einem der anderen Spieler in die Arme fällt. Dieser schubst den Seekranken jedoch sofort weiter, sodass er ständig von einem zum anderen schwankt. Bis die Sache schiefgeht und er – Platsch! – ins Wasser fällt. Wer ihn nicht auffangen konnte oder bei dem Versuch womöglich selbst umgekippt ist, tauscht mit dem Seekranken die Rollen – und das Spiel beginnt von vorne.

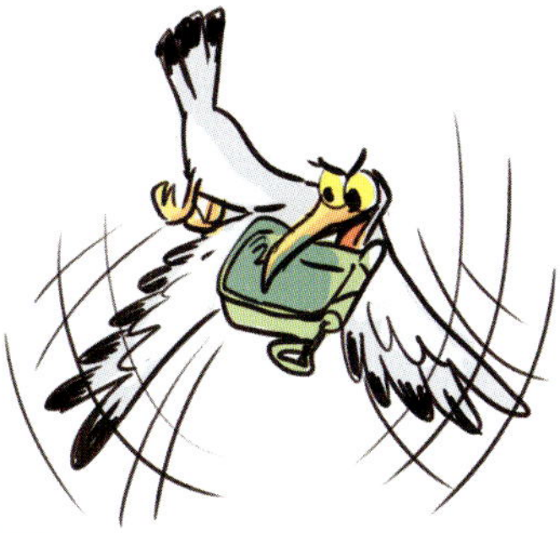

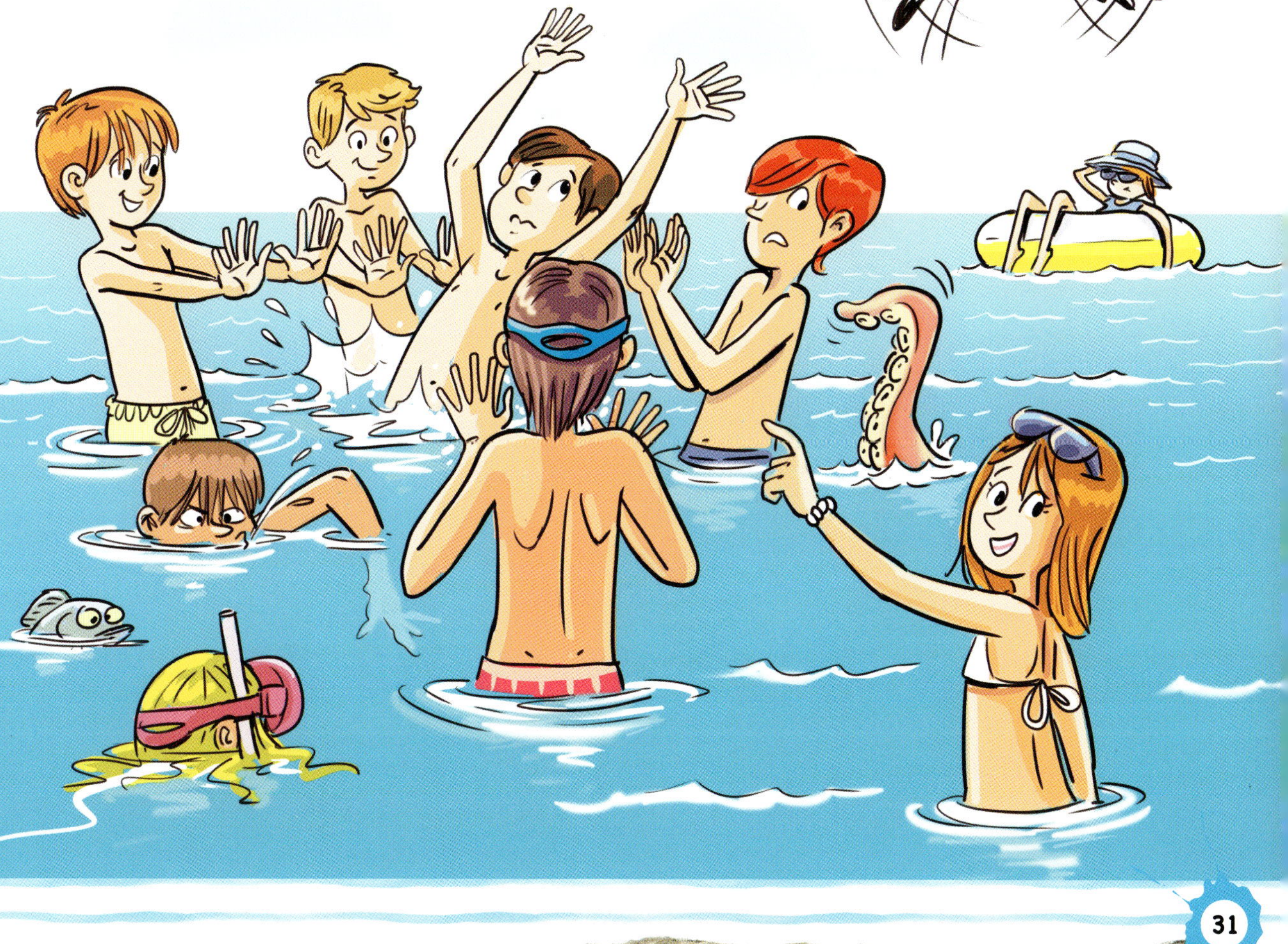

Spieler mind.
4
(mind. 2 Mannschaften)

Alter ab
5

SCHUBKARRENRENNEN

Material

✔ mehrere Eimer oder längere Stöckchen

Das beliebte Kinderspiel als Wettstreit zwischen mehreren Teams

Tipp 1: Um das Spiel noch lustiger zu gestalten, kann ein Parcours gebaut werden. Dann gilt es, nicht einfach nur hin und her zu rennen, sondern außerdem Schlangenlinien zu laufen und Hindernisse zu bewältigen.

Tipp 2: Wie wäre es, wenn die „Schubkarre" einen Becher Wasser transportiert?

Die Kinder teilen sich in Teams zu je zwei Spielern auf. Dann wird eine Rennstrecke mit Start- und Wendepunkt festgelegt. Der Startpunkt wird am besten durch eine Linie markiert, der Wendepunkt wird je Mannschaft durch einen Eimer oder ein in den Boden gerammtes Stöckchen gekennzeichnet.

Nun reihen sich alle Teams an der Startlinie auf. Ein Spieler je Team begibt sich dazu in den Vierfüßlerstand, der andere stellt sich hinter ihn. Dann packt der stehende Spieler die Fußgelenke seines Partners und dieser streckt die Beine möglichst gerade durch – es entsteht eine lebendige „Schubkarre".

Auf Los laufen nun alle Zweierteams los und versuchen, so schnell wie möglich den Wendepunkt zu erreichen, ihn zu umkreisen und wieder zurück zum Startpunkt zu gelangen. Das Team, das das als Erstes schafft, hat gewonnen.

Spieler mind. 5

Guck nicht so betreten!

Alter ab 3

Es empfiehlt sich, vor Spielbeginn ein nicht zu großes Spielfeld in den Sand zu zeichnen. Durch einen Auszählreim bestimmt man einen Fänger, der die Aufgabe hat, die anderen Spieler zu jagen und einen davon zum neuen Fänger zu machen.

Bei strahlendem Sonnenschein geschieht das aber nicht durch Anticken, sondern dadurch, dass der Fänger einen Fuß auf den Schatten seines Opfers setzt. Der „Betretene" tauscht mit dem Fänger die Rollen – und eine neue Spielrunde kann beginnen.

Ein Fangspiel am Strand bzw. im Freien, bei dem Schatten gejagt werden

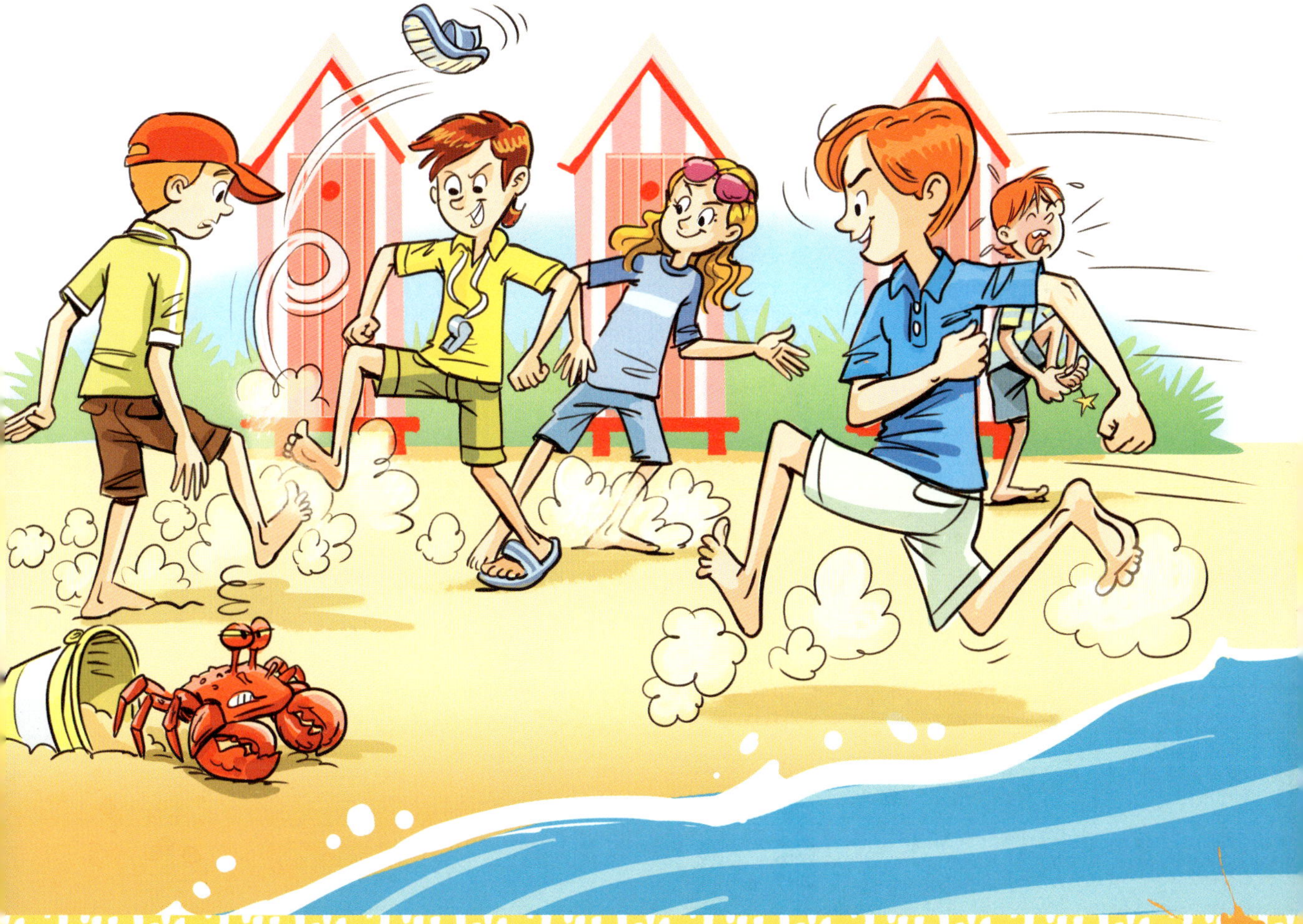

STRANDLAKEN-WETTKAMPF

Material

✔ je Mannschaft ein großes Handtuch oder Strandlaken

Ein lustiger Wett-lauf auf Händen und Füßen

Es wird eine Rennstrecke mit Start und Ziel festgelegt. Dann finden sich die Spieler zu Zweierteams zusammen. Jedes Team erhält ein großes Handtuch und nimmt am Start Aufstellung. Und zwar so: Die Spieler hocken sich im Vierfüßlerstand nah hintereinander und legen sich das Handtuch über ihre Rücken. Auf Los krabbeln alle Teams gleichzeitig los und versuchen, so schnell wie möglich das Ziel zu erreichen – ohne das Handtuch zu verlieren, versteht sich. Die Mannschaft, die gewinnt, darf sich das nächste Spiel aussuchen.

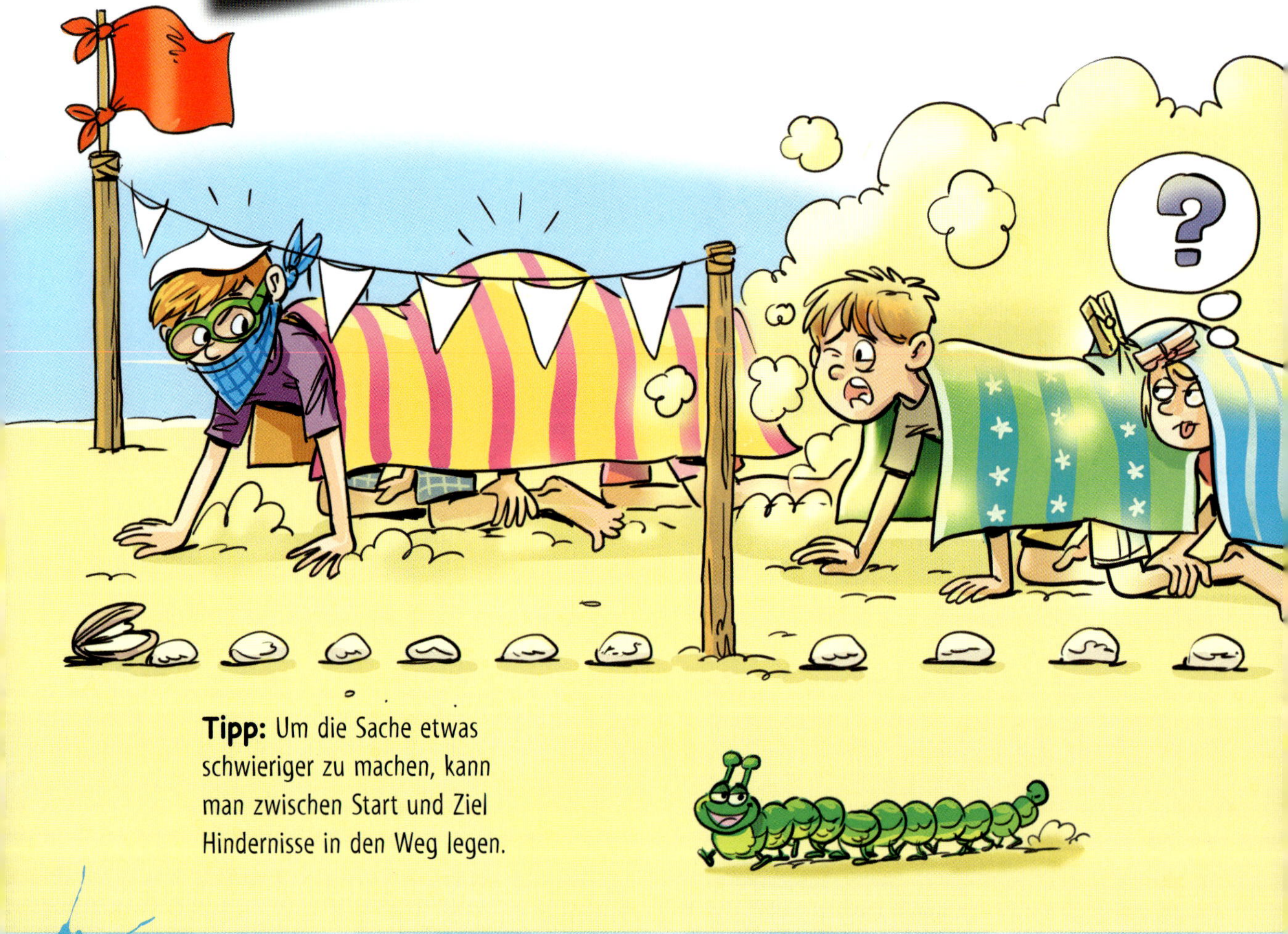

Tipp: Um die Sache etwas schwieriger zu machen, kann man zwischen Start und Ziel Hindernisse in den Weg legen.

Spieler mind. 6

Alter ab 4

Flasche leer!

Es wird ein Kreis von ungefähr einem Meter Durchmesser in den Sand gezeichnet. Mittig in den Kreis wird die leere Plastikflasche gestellt. Durch Auszählen bestimmen die Kinder einen „Wächter", dessen Aufgabe es ist, die Flasche vorm Umfallen zu bewahren. Dabei darf er sich nur innerhalb des Kreises bewegen.

Alle anderen Kinder verteilen sich um den Kreis herum. Sie wiederum dürfen das Kreisinnere nicht betreten. Aber sie dürfen sich den Ball untereinander zuwerfen und -rollen. Wer es trotz der Verteidigung des Wächters schafft, die Flasche umzuwerfen, hat gewonnen.

Material

- eine leere Plastikflasche
- ein Ball

Die Kinder versuchen, mit einem Ball eine Flasche umzuwerfen. Ein Wächter will das verhindern.

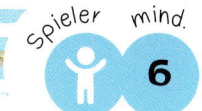

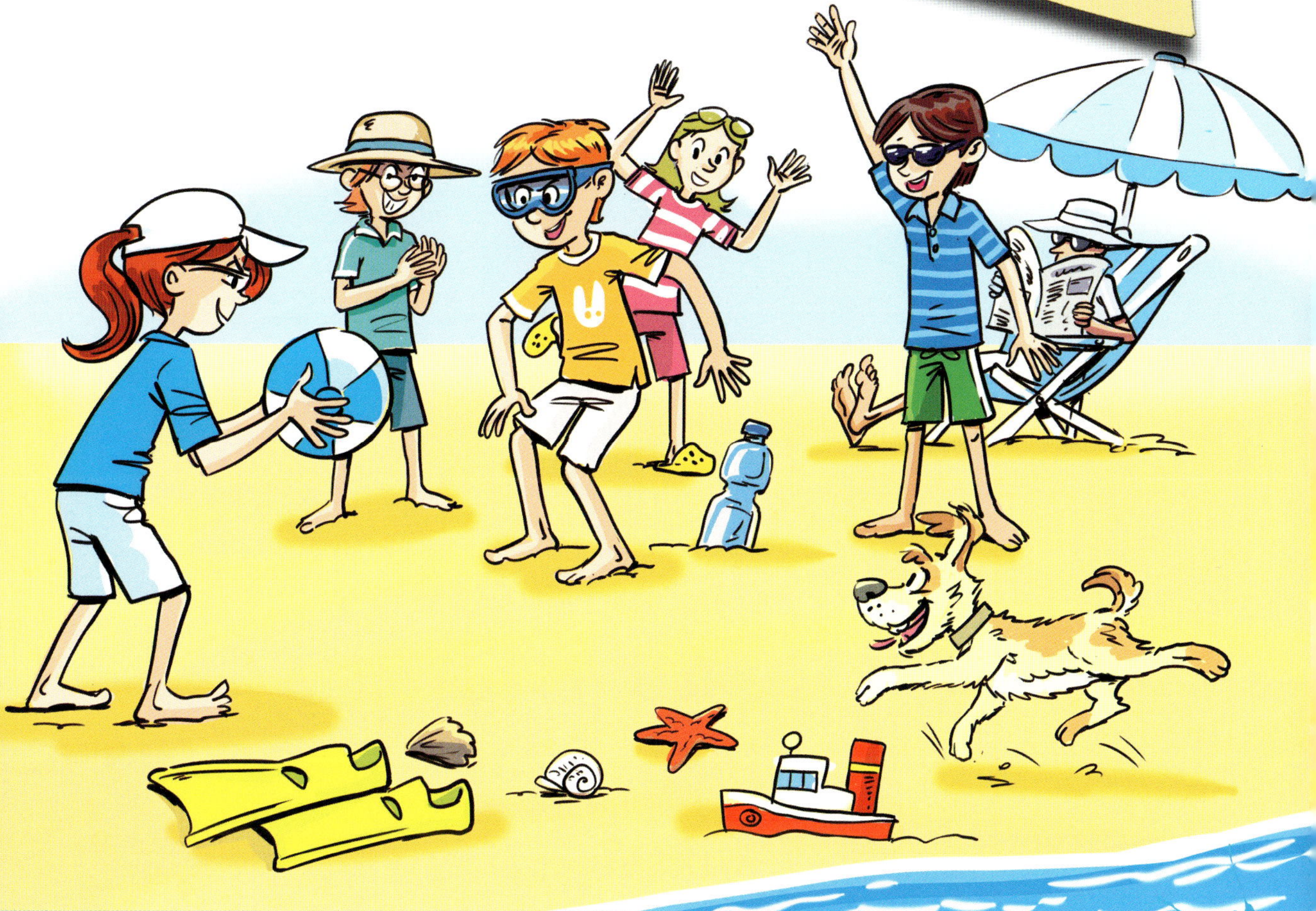

TATÜTATA, DIE FEUERWEHR IST DA!

Material

- ✔ vier kleine Wasser- eimer
- ✔ zwei Becher oder Sandförmchen

Ein Staffelspiel: Wasser wird von einem Eimer in den anderen geschöpft.

Als Vorbereitung für dieses Spiel wird eine Grundlinie gezogen, an der zwei leere Eimer aufgestellt werden. Die beiden anderen Eimer füllt man mit Wasser und stellt sie genau gegenüber in etwa zehn Metern Entfernung auf. Die Kinder bilden nun zwei gleich große Gruppen. Alle Spieler einer Gruppe reihen sich hinter einem der leeren Eimer auf.

Auf ein Signal läuft der erste Spieler jeder Gruppe mit einem Becher oder Förmchen bewaffnet los, schöpft damit Wasser aus dem vollen Eimer und macht sich auf den Rückweg. Doch Vorsicht: Es soll möglichst wenig von dem kostbaren Nass verschüttet werden! Wieder zurück am Ausgangspunkt, gießt der Spieler das Wasser schnell in den leeren Eimer und übergibt das Förmchen dann an den nächsten Mitspieler. Gewonnen hat die Gruppe, deren leerer Eimer zuerst voll wird.

DAME

Es wird ein vereinfachtes Dame-Spielfeld aus vier mal vier Feldern in den Sand gezeichnet. Jeder Spieler braucht je vier Muscheln oder Steine, die als Spielsteine dienen. Die Spielsteine werden an zwei gegenüberliegenden Grundlinien des Spielfeldes nebeneinandergelegt.

Es wird nun abwechselnd gezogen. Der Spieler mit den dunkleren Spielsteinen beginnt. Je Zug darf ein Spielstein um ein Feld weiterbewegt werden, immer nur vorwärts, nie zurück! Ist der Weg frei, zieht der Spieler geradeaus. Wird der Weg aber von einem gegnerischen Spielstein versperrt, darf er diesen Stein schlagen, indem er seinen eigenen Stein diagonal über den gegnerischen zieht und auf das direkt danach folgende leere Feld setzt. Der geschlagene Spielstein wird vom Spielfeld entfernt.

Ziel ist es, so schnell wie möglich die gegnerische Grundlinie zu erreichen. Denn dort verwandelt sich der einfache Spielstein in die „Dame", die sich frei vor- und zurückbewegen kann. Das Spiel ist zu Ende, wenn einer der Spieler alle Steinchen verloren hat.

Material

✔ Muscheln oder kleine Steine als Spielsteine (je Spieler vier Spielsteine)

Ein klassisches Brettspiel am Strand

Alter ab
6

Material

✔ Muscheln oder kleine Steine als Spielsteine (je Spieler neun Spielsteine)

Und noch ein bekanntes Brettspiel, das man leicht am Strand spielen kann

MÜHLE

Vor Spielbeginn wird ein Mühle-Spielfeld in den Sand gemalt. Dazu zeichnet man drei ineinanderliegende Quadrate. Das gesamte Spielfeld wird dann von einer waagerechten und einer senkrechten Mittellinie durchkreuzt.

Jeder Spieler sucht sich neun Muscheln oder Steinchen – der eine am besten helle, der andere dunklere. Abwechselnd belegen die beiden Spieler nun die Eckpunkte und Kreuzungen des Spielfeldes. Diese Spielphase dauert so lange, bis alle Steine platziert wurden.

Nun beginnt die Zugphase: Je Runde darf jeder Spieler einen Stein um ein Feld auf einen direkt angrenzenden freien Kreuzungspunkt ziehen. Ziel ist es, schnellstmöglich „Mühlen" mit den eigenen Spielsteinen zu bilden. Eine Mühle besteht aus drei gleichfarbigen Spielsteinen, die direkt nebeneinanderliegend eine Linie bilden – ob senkrecht, waagerecht oder diagonal ist egal. Hat ein Spieler nämlich solch eine Mühle gelegt, darf er einen der gegnerischen Steine wegnehmen, der nicht Bestandteil einer anderen Mühle ist.

Richtig spannend wird es, wenn ein Spieler nur noch drei Steine im Spiel hat. Schafft er es, sie zu einer Reihe zusammenzuführen, hat er gewonnen und das Spiel ist beendet. Damit es in dieser Endphase zügig vorangeht, darf der Spieler die Steine jetzt pro Runde an einen beliebigen freien Punkt setzen.

Spieler mind. 2

Alter ab 6

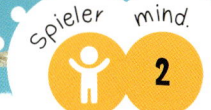

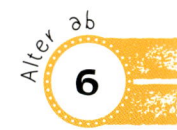

Leergeräumt!

Für dieses Spiel ritzt man ein Spielfeld aus fünf mal fünf Feldern in den festen Sand. Jedes Feld wird mit je einem Steinchen oder einer Muschel belegt, die Farbe und das Aussehen sind egal. Abwechselnd wird dann kräftig abgeräumt. Reihum dürfen bis zu drei Spielsteine auf einmal fortgenommen werden. Wer will, kann sich aber auch mit zweien begnügen. Doch es dürfen nur Spielsteine weggenommen werden, die in einer waagerecht oder senkrecht ununterbrochenen Reihe liegen.

Am Anfang geht das sehr leicht und ganz zügig. Aber sehr schnell ist das Spielfeld so ausgeräubert, dass nur noch vereinzelte Spielsteine herumliegen. Und dann wird's richtig spannend, denn wer den allerletzten Stein nehmen muss, hat nicht gewonnen, sondern verloren!

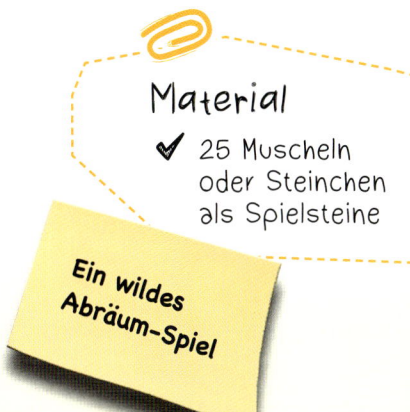

Material

- 25 Muscheln oder Steinchen als Spielsteine

Ein wildes Abräum-Spiel

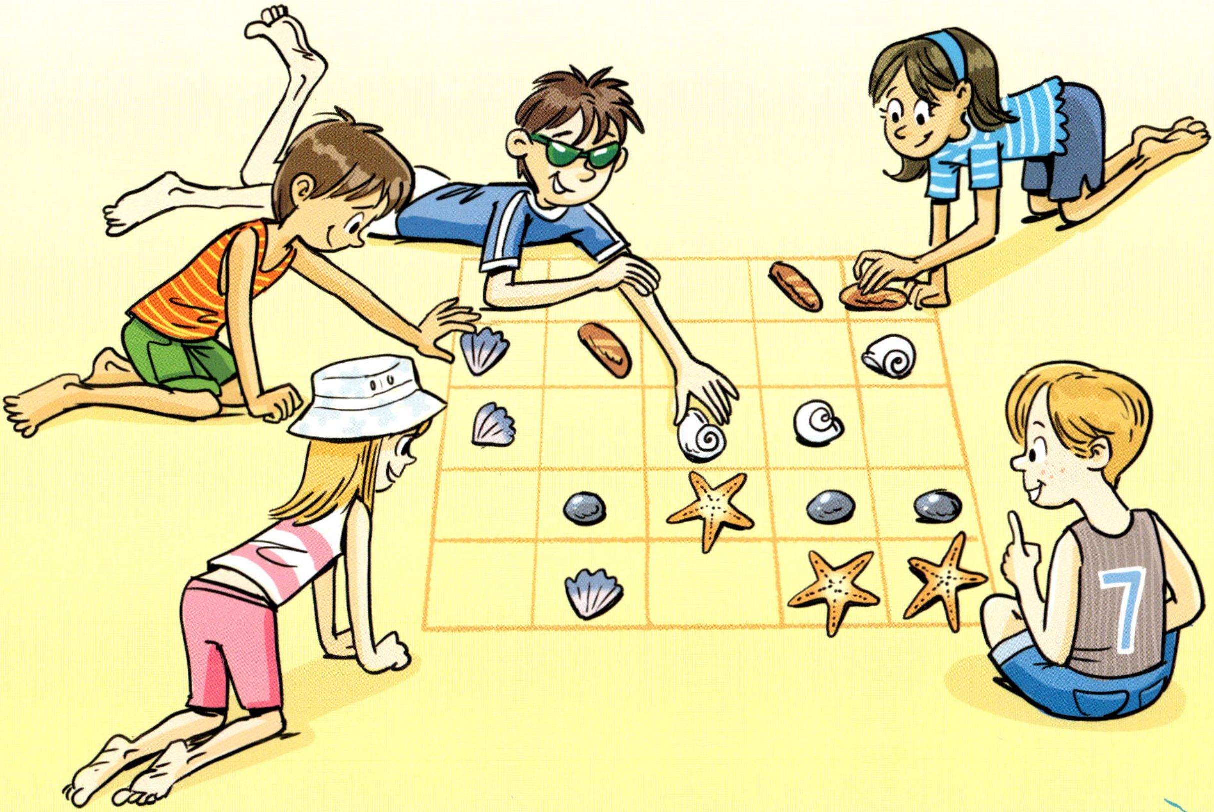

Spieler mind.

10

(2 Mannschaften)

Alter ab

6

HER MIT DEM BALL!

Material

✔ zwei Wasser-
oder Spielbälle

Dieses Spiel erfordert Ballgefühl.

Auch wenn alle so richtig ausgetobt und faul sind: Dieses Spiel geht immer noch! Die Kinder teilen sich in zwei Gruppen auf. Jede Gruppe bildet für sich einen Sitzkreis. Die Kinder strecken die Beine dabei lang in die Mitte. Auf ein Signal nimmt der Erste jeder Gruppe einen Ball zwischen die Füße und reicht ihn an den Nachbarn rechter Hand weiter. Der übernimmt den Ball wiederum mit den Füßen und reicht ihn an den nächsten Spieler weiter. Lässt jemand den Ball fallen, beginnt die Runde erneut beim ersten Spieler. Die Gruppe, die ihren Ball als Erste einmal ganz im Kreis herum gegeben hat, hat gewonnen.

Spieler mind. 6

Und hopp!

Alter ab 6

Die Kinder bilden Paare. Jedes Paar erhält ein Handtuch. Das soll nun an den gegenüberliegenden kurzen Seiten festgehalten, dabei aber nicht zu straff gespannt werden. Zu Beginn des Spiels bilden alle Paare einen Kreis, der löst sich im Verlauf des Spiels aber auf.

Auf Los wird der Ball „angestoßen", indem er hoch in die Luft geworfen wird. Nun versuchen die Pärchen, ihn mithilfe der Handtücher aufzufangen und ihn dann schnell wieder hochzuschleudern. Rasch entsteht ein richtiges Gerangel um den fliegenden Ball. Wer ihn nicht fangen kann oder ihn fallen lässt, scheidet aus. Welches Team hält bis zum Schluss durch?

Material

- ein Ball
- pro Spielerpaar ein Handtuch

Jeweils zwei Spieler halten ein Handtuch zwischen sich. Damit fangen sie anfliegende Bälle auf und schleudern sie sofort weiter.

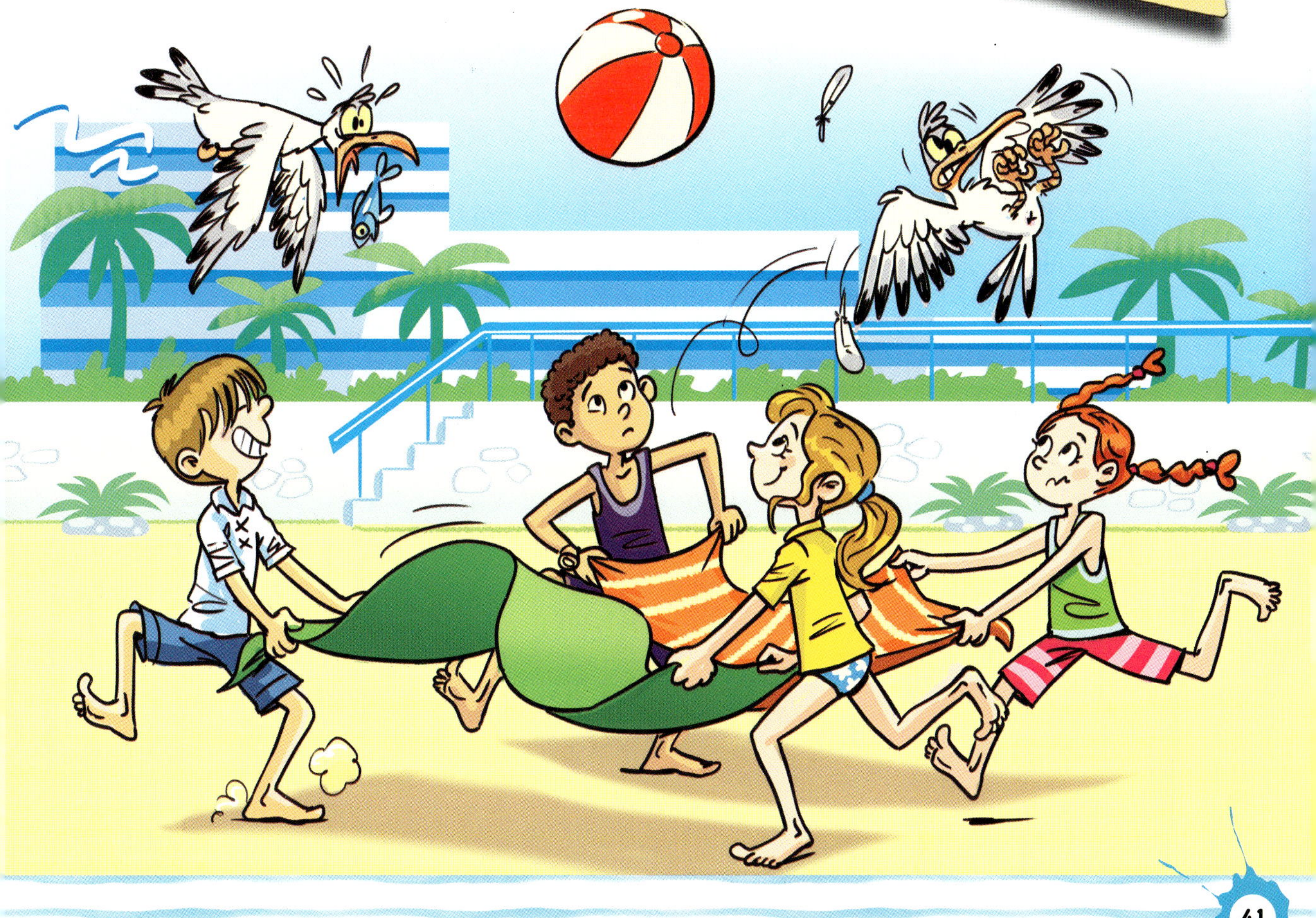

Spieler 12 mind.
(2 Mannschaften)

Alter ab 7

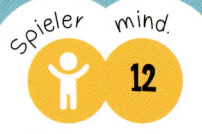

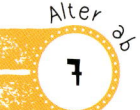

Hoch zu Ross

Material

- ein großer Wasserball
- pro Ross-und-Reiter-Team ein Schläger (Strandtennis- oder Federball-Schläger)

Ein einfaches, aber schweißtreibendes Polospiel

Auf einem festen Sandstreifen am Strand wird ein Spielfeld von ungefähr 15 mal 30 Metern vermessen und gekennzeichnet. Die Längsachse wird anschließend durch eine Mittellinie geteilt. An den beiden schmalen Spielfeldseiten wird jeweils ein Tor mit ungefähr vier Metern Breite markiert.

Die Spieler bilden nun zwei gleich große Mannschaften. Innerhalb der Mannschaften werden jeweils Paare aus „Rössern" und „Reitern" gebildet. Dabei sollten möglichst die kräftigeren Kinder (oder auch Erwachsene) die Rösser spielen. Sie nehmen ihre Reiter huckepack. Jeder Reiter erhält einen Schläger.

Bei „Anpfiff" wird der prall aufgeblasene Wasserball an der Mittellinie angestoßen. Beide Mannschaften stürmen los und versuchen, den Ball an sich zu bringen. Das Ziel ist das gegnerische Tor.

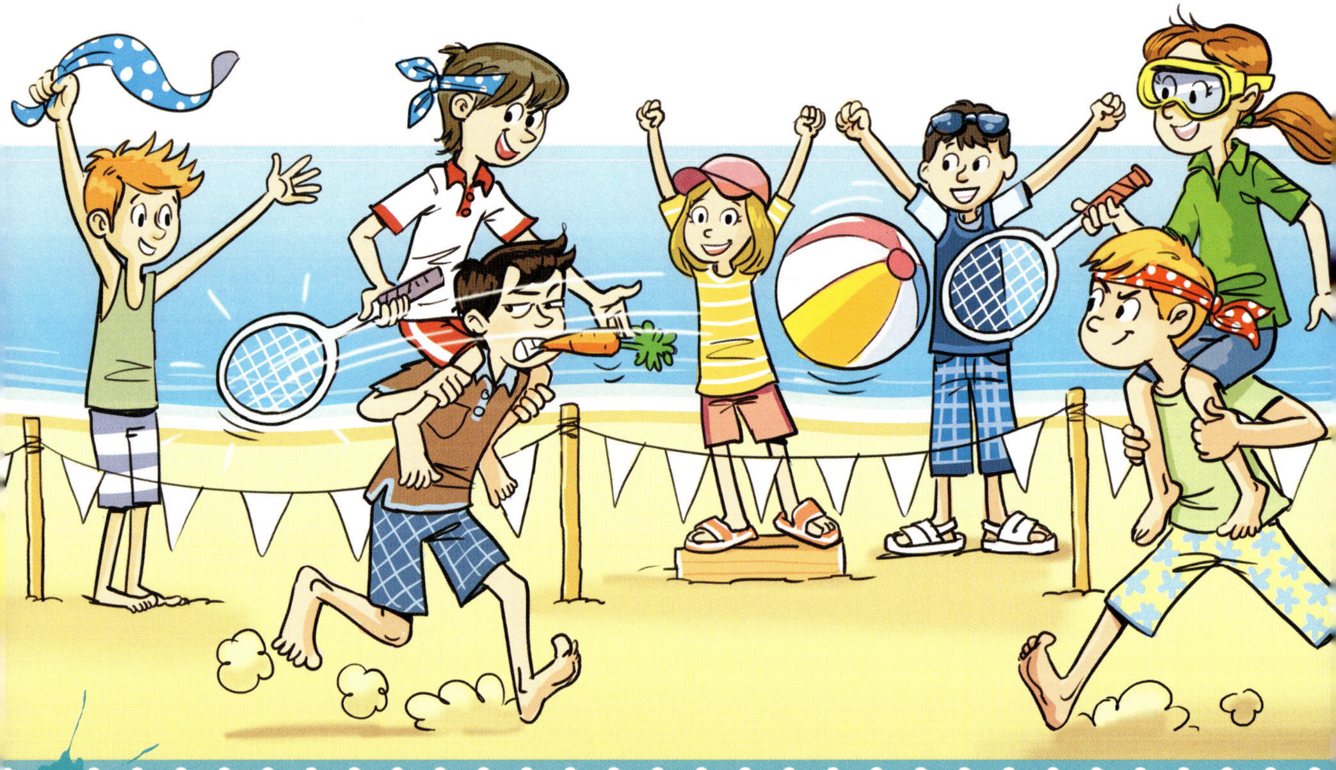

Spieler mind. 12 (2 Mannschaften)

Alter ab 7

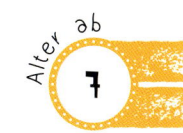

Die Regeln:

1. Die Rösser dürfen nur laufen! Sie sollen den Ball nicht mit den Füßen treten. Auch Rempeln ist untersagt.
2. Die Reiter sollen den Ball mit den Schlägern ins Tor treiben. Dabei dürfen sie ihn nicht länger als ungefähr eine Minute mit sich führen.
3. Rollt der Ball über den Spielfeldrand, gibt es einen „Fünfmeter" für die gegnerische Mannschaft. Das heißt, der Ball wird in fünf Meter Entfernung vor dem Tor der Mannschaft abgelegt, die den Fehler begangen hat. Ein Ross-und-Reiter-Paar darf nun ungehindert versuchen, den Ball ins Tor zu schlagen.
4. Spieldauer: ungefähr 15 Minuten, unterbrochen durch mehrere kurze Verschnaufpausen für die Rösser

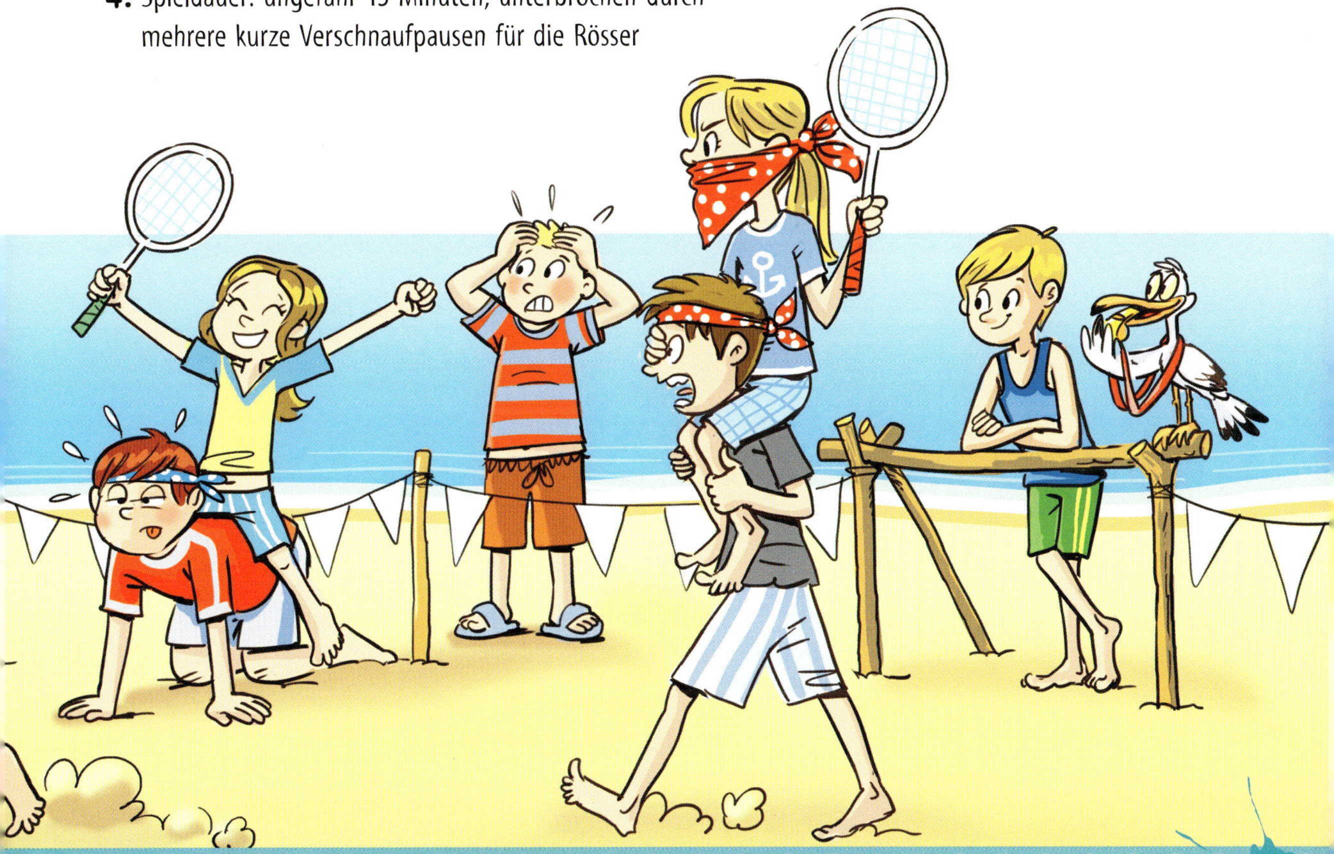

Spieler mind. 3

Alter ab 5

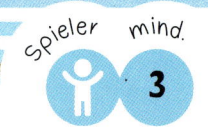

Kleine Schneehasen

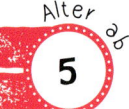

Material

- winterfeste Kleidung

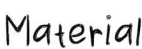

Ein Such- und Fangspiel für den Winter: Spuren im Schnee verraten dem Fuchs, wohin die Hasen gelaufen sind.

Dieses Spiel spielt man draußen im Winter, wenn schön viel Schnee liegt. Ein Spieler ist der „Fuchs", die anderen sind die „Schneehasen". Während sich der Fuchs die Augen zuhält und laut bis 20 zählt, suchen sich die Schneehasen hinter Büschen, Bäumen oder Hausecken Verstecke.

Hat der Fuchs zu Ende gezählt, macht er sich auf die Suche nach den Hasen. Dabei kommen ihm die Spuren, die die Hasen auf ihrer Flucht hinterlassen haben, gerade recht. Doch die Hasen können auf ihrem Weg auch mal absichtlich einen Haken geschlagen haben, um den Fuchs in die Irre zu führen. Schafft er es dennoch, alle Schneehasen zu entdecken?

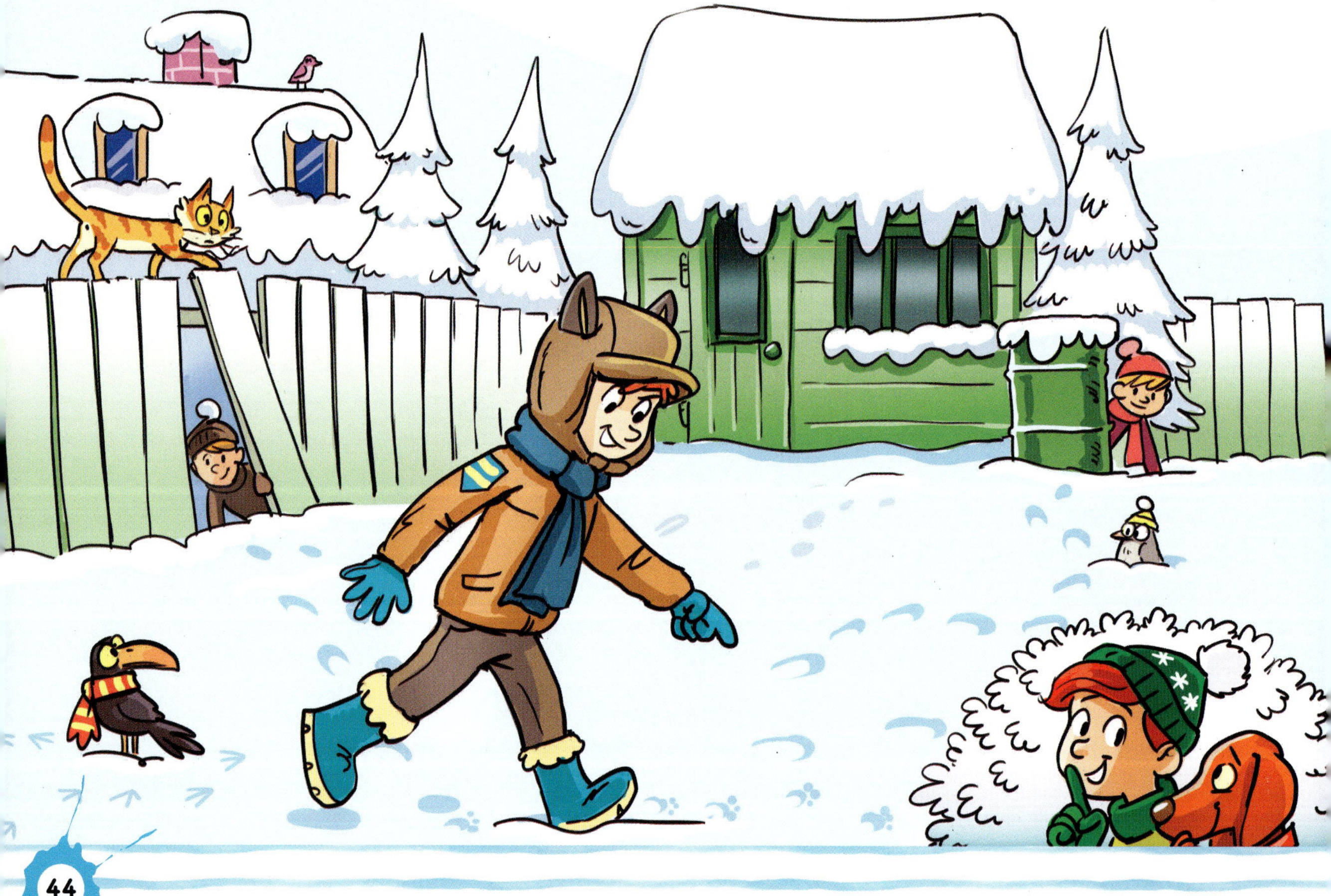

SCHNEE-ENGEL

Dieses Spiel ist ganz einfach und macht herrlich viel Spaß! Man legt sich einfach flach in den Schnee und bewegt dann die ausgestreckten Arme und Beine auf und ab. Schon nach kurzer Zeit entsteht ein „Schnee-Engel". Wunderschön!

Material

✔ winterfeste Kleidung, am besten ein Schnee- oder Skianzug und Gummistiefel

Ein beliebtes Kinderspiel bei schönem Winterwetter

Alter ab
5

SCHNEEBALL-FEUERWERK

Material
✔ viele, viele
   Schneebälle

Am laufenden Band werden Schneebälle in die Luft geschleudert. Und zwar so lange, bis der erste wieder auf dem Boden landet.

Jeder Spieler bereitet eine ganze Batterie von Schneebällen vor und legt sie sich griffbereit zurecht. Sind die Vorbereitungen abgeschlossen, wirft der erste Spieler den ersten Schneeball so hoch es irgend geht in die Luft. Dann schickt er die nächsten Bälle im Rekordtempo hinterher.

Die Mitspieler zählen laut die abgeworfenen Schneebälle mit. Sobald ein erster Ball wieder auf dem Boden landet, hört das Schneeball-Feuerwerk auf. Der nächste Spieler ist an der Reihe. Wer schafft die meisten Schneebälle?

Variante: Ein Kind wirft einen Schneeball hoch in die Luft. Die Mitspieler schicken sofort einige Schneebälle hinterher und versuchen, den zuerst geworfenen abzuwerfen. Wer das schafft, bekommt einen Punkt. Wer als Erster fünf Punkte erreicht hat, gewinnt.

Spieler mind. 7
(2 Mannschaften)

Alter ab 6

Meister Petz, gib Acht!

Ein Fangspiel auf vorgezeichneten Trampelpfaden

In einem abwechslungsreichen Gelände mit Hügeln, Bäumen, Sträuchern und Gräben macht dieses Spiel besonders viel Spaß. Aber die schneebedeckte Spielwiese hinterm Haus geht auch.

Alle Kinder trampeln gemeinsam Pfade von doppelter Fußbreite in den frischen Schnee. Möglichst kurvenreich sollten die Wege verlaufen, mit engen und weiten Windungen, Schlängellinien und vielen Kreuzungen. Alle Möglichkeiten, die das Gelände bietet, sollten beim Aufbau des Wegenetzes miteinbezogen werden.

Dann kommen alle Kinder wieder zusammen und teilen sich in zwei unterschiedlich große Gruppen auf (im Verhältnis ein Drittel zu zwei Drittel). Die kleinere Gruppe spielt die Jäger, die größere stellt die Bären dar.

Die Jäger stellen sich im Kreis auf, fassen sich an den Händen und zählen bis fünf, während die Bären schleunigst das Weite suchen. Denn nun nehmen die Jäger die Verfolgung auf. Dabei gilt für beide Gruppen, dass die Trampelpfade auf keinen Fall verlassen werden dürfen. Will ein Bär einem Jäger ausweichen und tritt er dabei neben einen Pfad, scheidet er automatisch aus. Jeder getickte Bär wird zum Jäger und hilft nun bei der Jagd auf die verbliebenen Bären.

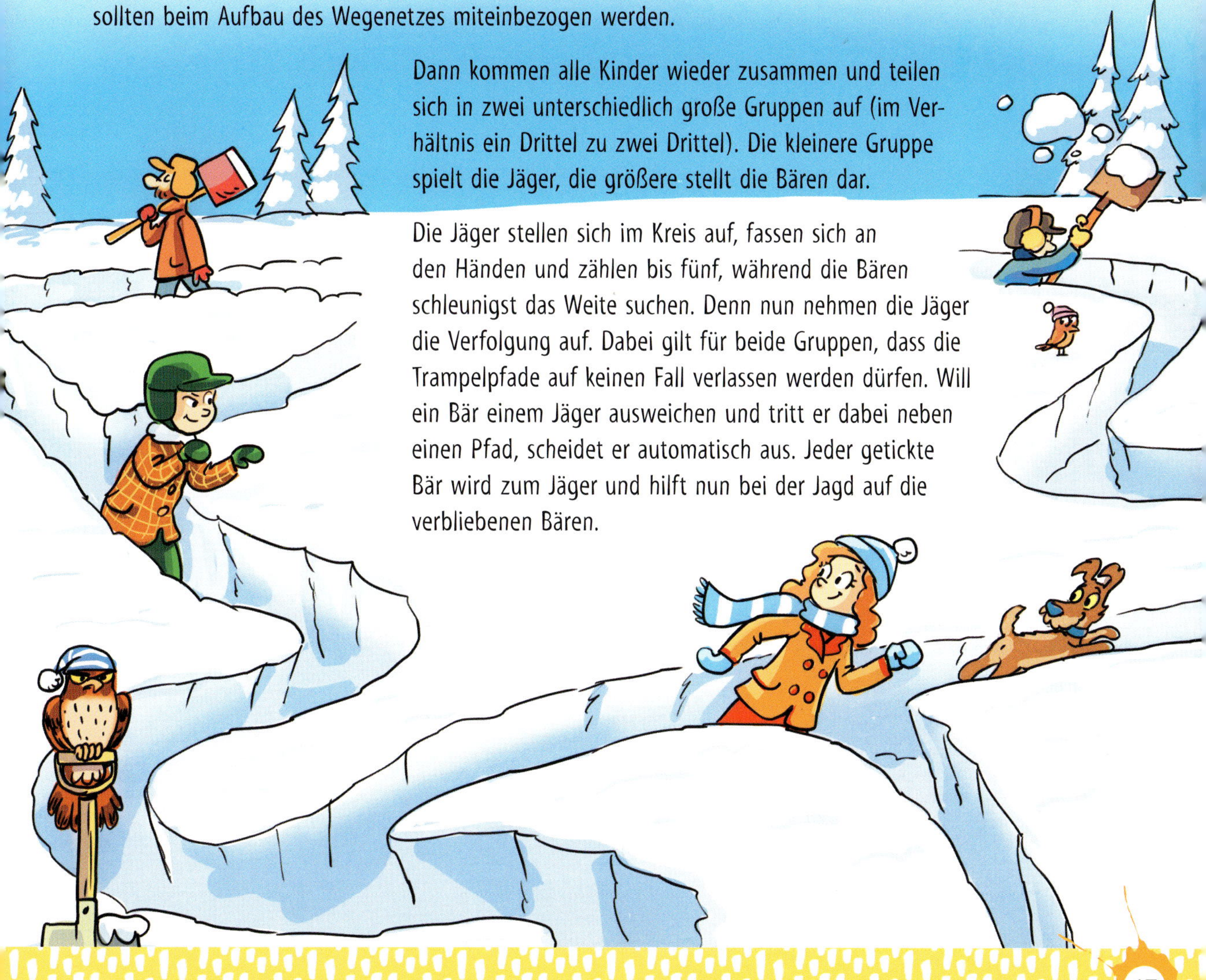

Spieler mind. 4
(2 Mannschaften)

Alter ab 4

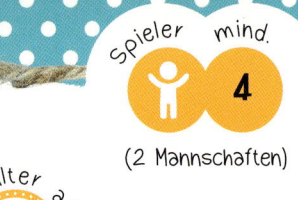

Eiskunst

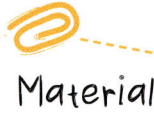

Material
- ✔ Schnee und Wasser

Figuren und andere Kunstwerke aus Schnee modellieren

Warum eigentlich immer nur einen Schneemann bauen? Warum nicht einmal einen Hasen mit Riesenohren oder ein Märchenschloss? Finden sich Kinder in ausreichender Zahl zusammen, können sie einen Wettstreit der Eiskünstler veranstalten.

Dazu teilen sie sich in zwei gleich große Mannschaften auf. Nach einem zuvor vereinbarten Thema – zum Beispiel „Tiere" oder „Das Schloss der Schneekönigin" – beginnen beide Teams, zeitgleich eine Skulptur aus Schnee zu bauen. Es kann dazu auch ein Zeitlimit festgelegt werden, innerhalb dessen die beiden Teams fertig werden müssen.

Die vollendeten Kunstwerke werden zum Schluss vorsichtig mit etwas Wasser begossen. So werden sie etwas stabiler und glänzen schön durch die dünne Eisschicht. Ob sich wohl jemand findet, der einen Preis für die schönste Skulptur vergibt?

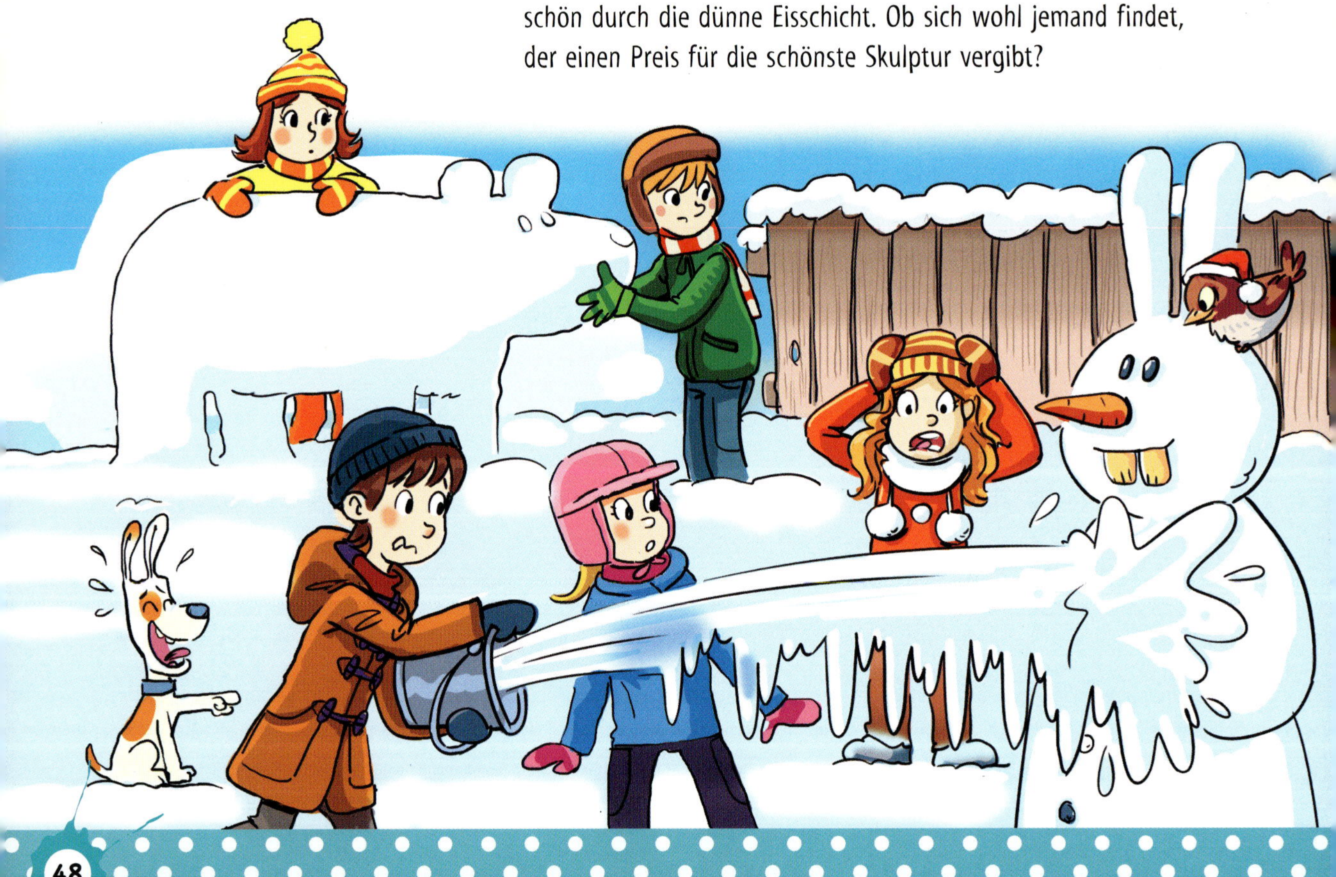

LAUFT,
SO SCHNELL IHR KÖNNT!

Zu Beginn wird ein quadratisches Spielfeld von ca. zehn mal zehn Metern markiert (bei älteren Kindern kann es auch größer sein). In den vier Ecken schaufelt man außerdem Kreise aus, die im Radius so groß sein sollten wie ein großer Kinderschritt.

Dann werden zwei Teams gebildet. Die Kinder des einen Teams sind die Läufer, die des anderen sind die Werfer. Die Läufer stellen sich zunächst alle zusammen an den ersten Kreis, die Werfer postieren sich an den vier Außenseiten des Spielfeldes und bereiten schon einmal einen Vorrat an Schneebällen vor. Die Läufer haben nun die Aufgabe, vom Kreispunkt A im Uhrzeigersinn über B und C den Kreispunkt D zu erreichen.

> **Snow-Ball statt Base-Ball!**

Material

✓ Schaufeln oder Schneeschippen, um Spielfeldmarkierungen auszuheben

Dabei gelten folgende Regeln:

1. Es darf immer nur ein Läufer gleichzeitig starten.
2. Abgesehen vom Anfangs- und Endpunkt der Strecke darf immer nur ein Läufer in einem Kreis stehen.
3. Ein Läufer darf erst starten, wenn der vor ihm liegende Kreis frei geworden ist.

Für die Werfer gilt, dass ein Läufer nur dann abgeworfen werden kann, wenn er sich im freien Lauf zwischen zwei Kreisen befindet. Dann darf allerdings von allen Seiten gezielt werden und jeder Treffer zählt. Der abgeworfene Läufer scheidet aus dem Spiel aus. Das Spiel endet, sobald kein Läufer mehr unterwegs ist. Dann wird durchgezählt, wie viele es bis zum letzten Kreis geschafft haben.

SPIELE FÜR UNTERWEGS

Nie mehr Langeweile auf langen und kurzen Autofahrten!
Die Spielideen in diesem Kapitel machen garantiert
allen Spaß. Autobahn-Bingo, Stadt, Land, Fluss
und viele mehr verkürzen die Reisezeit bis
zum Ziel und sorgen für gute Laune.

Spieler mind. 2

Alter ab 6

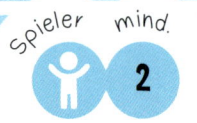

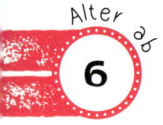

Grüne Welle

Kleines Spiel für kurze Autofahrten

Ein schönes Spiel, wenn man in Städten unterwegs ist. Die Kinder versuchen zu schätzen, bei wie vielen der nächsten 5 oder 10 Ampeln der Fahrer anhalten muss. Gewonnen hat, wer mit seiner Schätzung am nächsten an der tatsächlichen Anzahl der Stopps liegt.

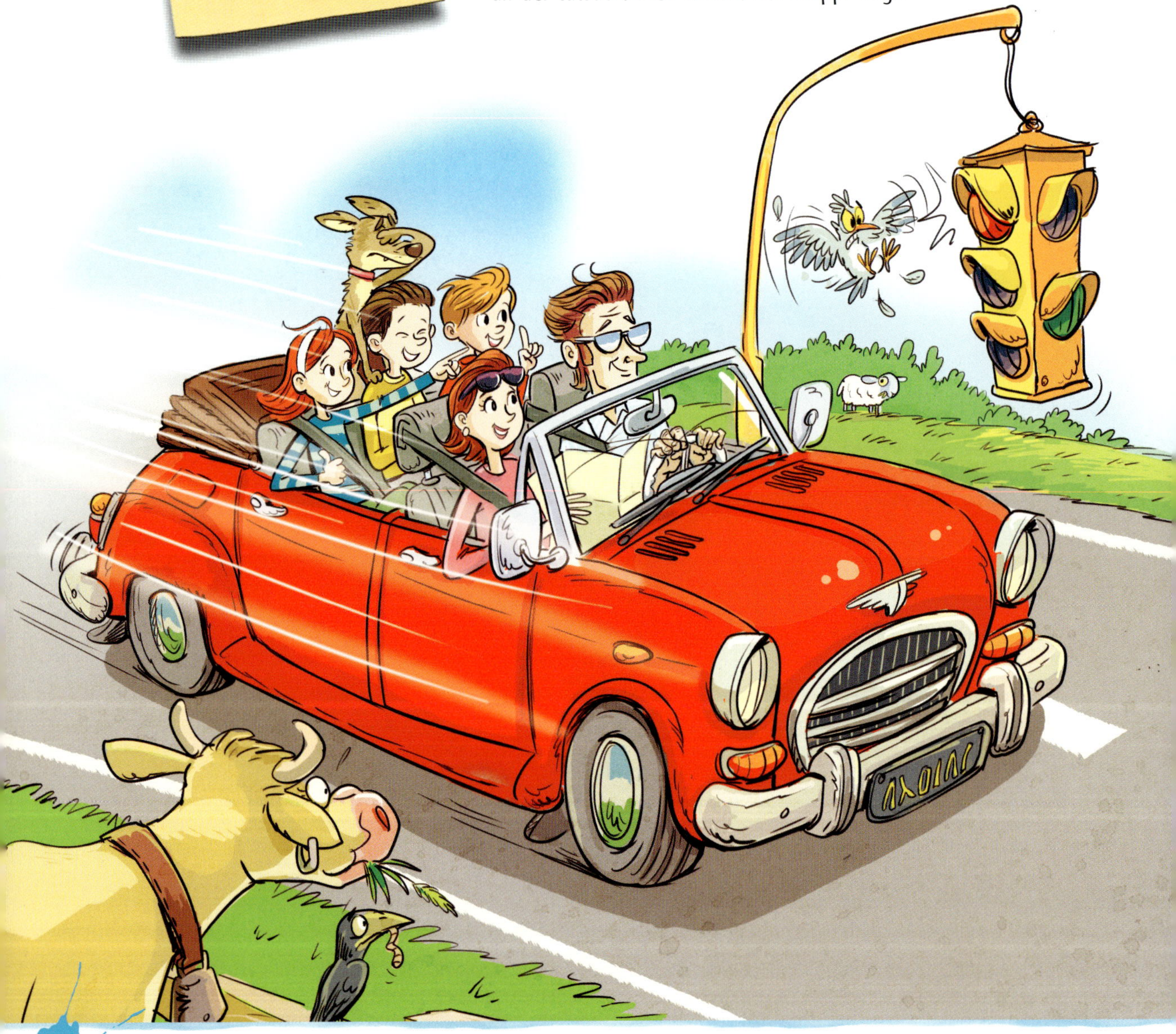

Spieler mind. 2

Katzenjammer-Tour

Alter ab 6

Bekanntlich hat jede Katze sieben Leben. In diesem Spiel haben die Kinder genauso viele. Aber immer, wenn eine Brücke die Straße kreuzt, setzen sie sie aufs Spiel.

Vergessen sie nämlich, beim Überfahren einer Brücke die Pfoten – Verzeihung! – die Füße hochzuheben, verlieren sie ein Leben. Genau das gleiche passiert, wenn sie vergessen, sich zu ducken, wenn das Auto unter einer Brücke hindurchfährt. Falls allerdings eine Bahnlinie die Straße kreuzt, hilft gar nichts mehr, da ist auf jeden Fall ein Katzenleben dahin. Und wer gewinnt bei diesem Spiel wohl? Richtig! Derjenige, der nach einer festgelegten Strecke noch die meisten Leben hat.

Ein Bewegungsspiel für die Rücksitzbank

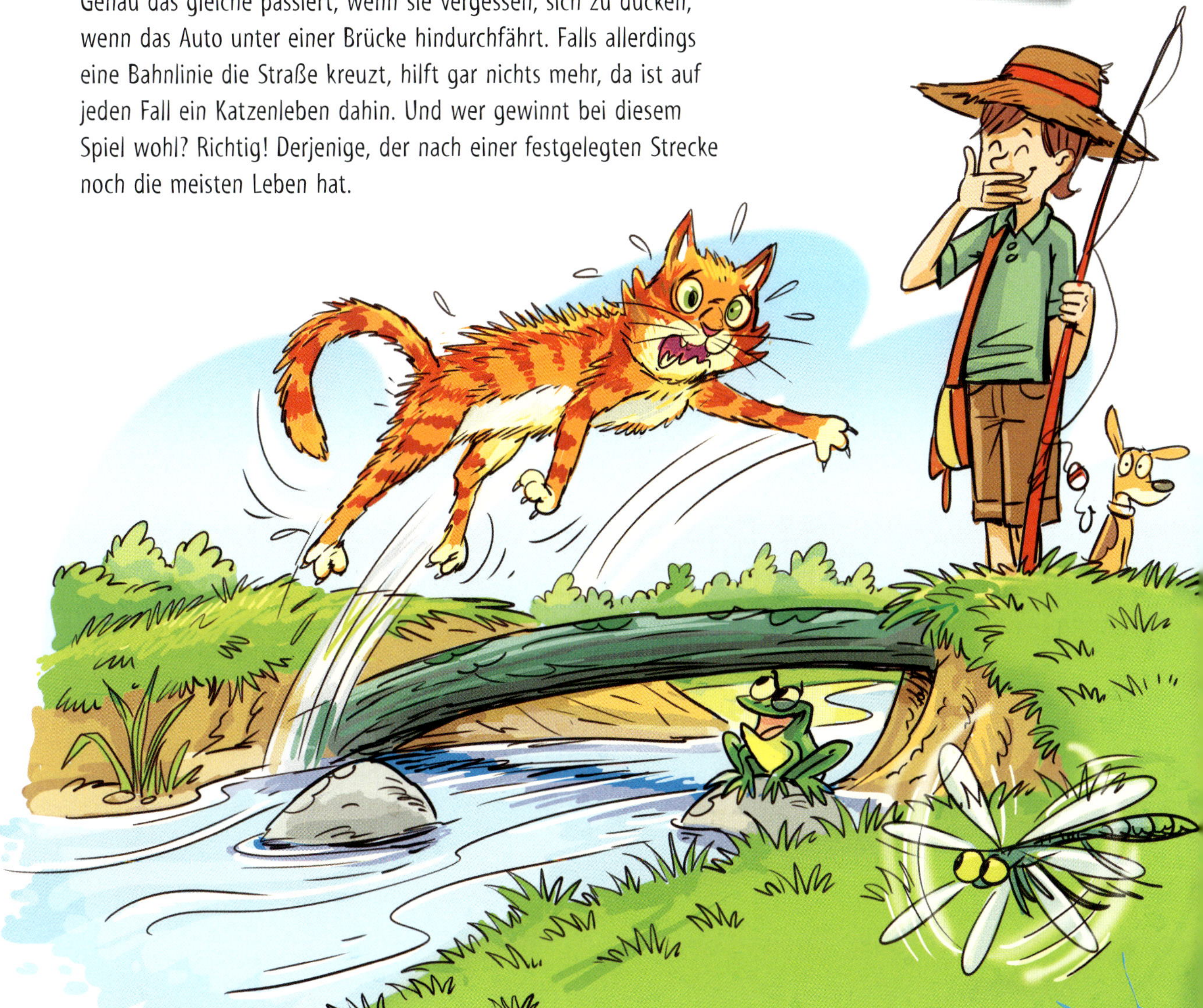

Spieler mind. 2

Alter ab 6

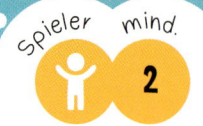

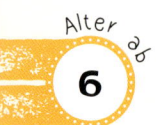

Ich packe meinen Koffer …

Ein Nachsprechspiel für Reisende

Der erste Spieler überlegt sich einen Gegenstand, der auf keinen Fall in seinem Koffer fehlen darf, zum Beispiel eine Zahnbürste, und beginnt: „Ich packe meinen Koffer und nehme mit: eine Zahnbürste." Der Zweite wiederholt den Satz, fügt aber noch etwas hinzu, zum Beispiel: „Ich packe meinen Koffer und nehme mit: eine Zahnbürste und ein Quietscheentchen." Der Nächste fügt einen weiteren Gegenstand hinzu und so weiter. Vergisst oder verwechselt ein Spieler etwas, scheidet er aus. Wer am längsten durchhält, hat gewonnen.

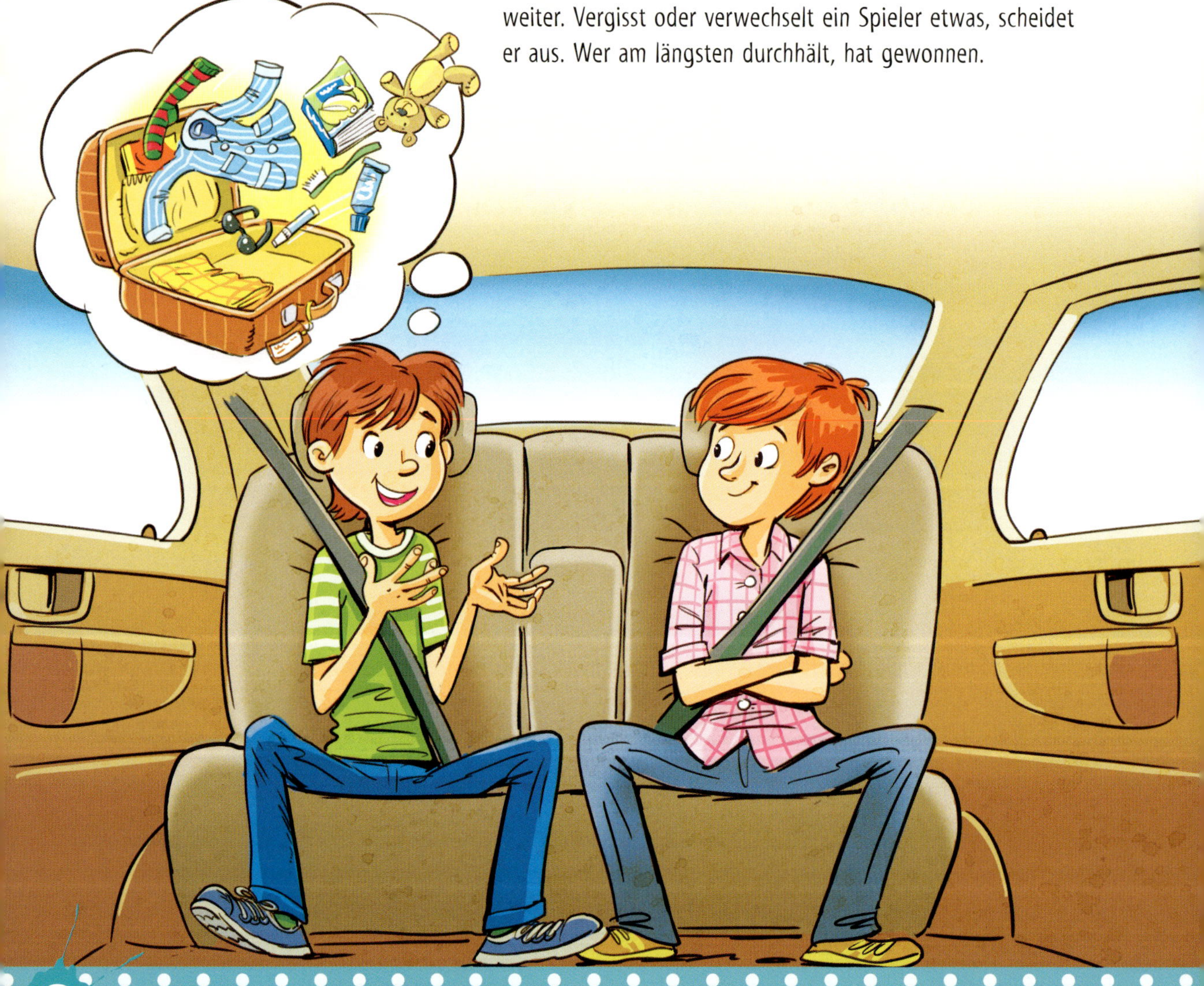

Spieler mind. 2

Die endlose Wörterschlange

Alter ab 8

Ein Kind beginnt: Es überlegt sich einen zusammengesetzten Begriff und spricht ihn aus, beispielsweise „Sommerferien". Nun ist das nächste Kind dran: Es nennt ein neues Wort, das mit dem zweiten Teil des letzten Wortes beginnt, zum Beispiel: „Ferienpass". Aus dem zweiten Teil dieses Wortes wird wiederum ein neuer zusammengesetzter Begriff, vielleicht: „Passbild". Und so geht es immer weiter. Wer ins Stocken gerät und mehr als drei Sekunden benötigt, um einen neuen Begriff zu finden, hat verloren und scheidet aus.

Ein schnelles Spiel, bei dem es um zusammengesetzte Begriffe geht

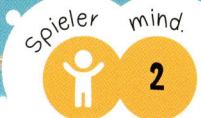

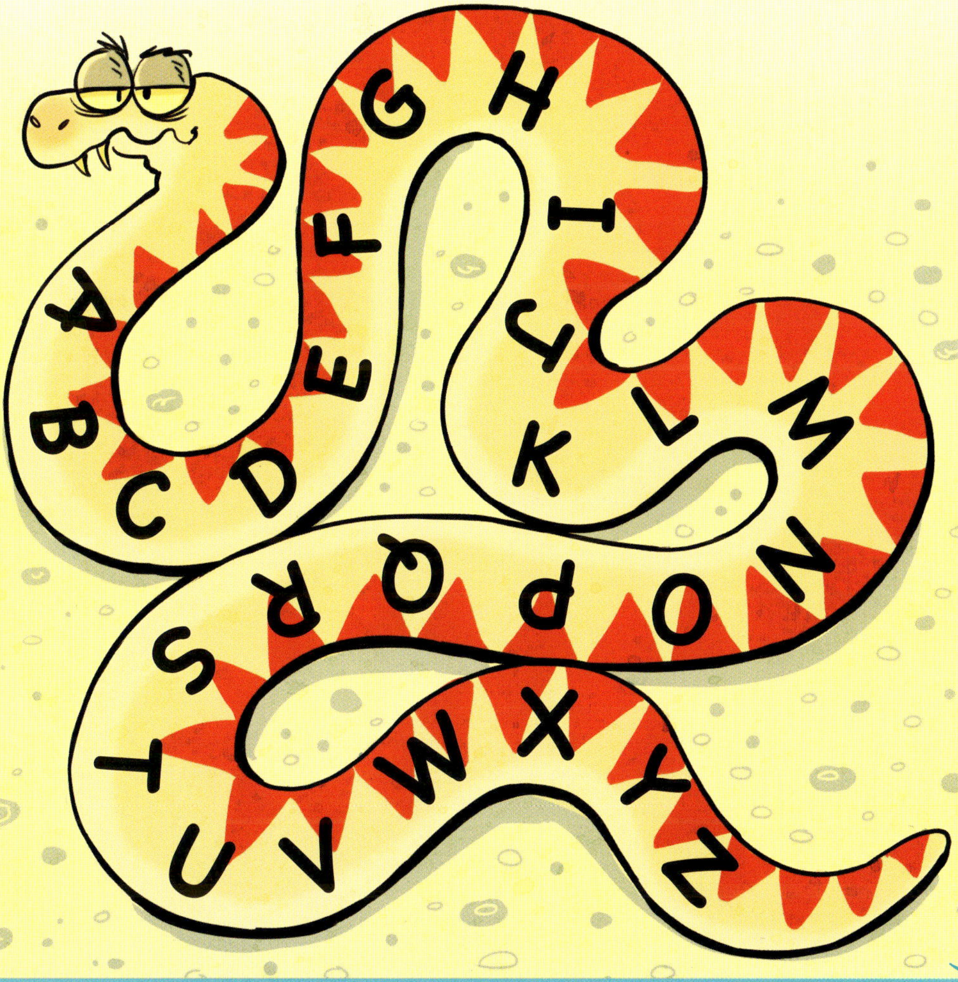

AUTOBAHN-BINGO

Material
✔ Papier
✔ Stifte

Ein Spiel, das man prima bei einer kurzen Autorast vorbereiten und dann bei der Weiterfahrt spielen kann

Während einer Pause auf dem Rasthof, am Parkstreifen oder an der Autobahn-Raststätte notieren sich die Kinder unabhängig voneinander je fünf Kennzeichen anderer dort parkender Autos. Bei der Weiterfahrt legen sie sich ihre Notizen gut lesbar auf den Schoß.

Sobald sie ein neues Auto passieren oder von einem überholt werden, liest der erwachsene Beifahrer das jeweilige Kennzeichen vor. Entdeckt ein Kind genau dieses Kennzeichen in seinen Notizen, darf es das Kennzeichen durchstreichen. Das Spiel geht so lange weiter, bis eines der Kinder alle fünf Kennzeichen gestrichen hat und laut „Bingo!" ruft. (Man kann aber auch eine Zeitspanne festlegen, innerhalb der möglichst viele Kennzeichen gestrichen werden sollen, zum Beispiel zehn Minuten.)

Spieler mind. 2

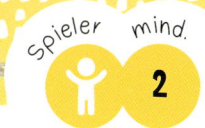

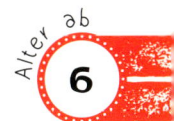

Jede Menge Sehenswertes!

Alter ab 6

Vor Spielbeginn überlegen sich alle Spieler gemeinsam, was sie in den nächsten zehn Minuten wohl alles sehen könnten: Kühe auf der Wiese, eine Kirche, eine Windmühle, Fahrradfahrer und so weiter. Diese „Sehenswürdigkeiten" werden notiert, sodass jeder Spieler eine Liste vor sich hat. (Entweder notieren sich die Kinder die Sehenswürdigkeiten selbst oder ein erwachsener Beifahrer übernimmt dies schnell für sie.)

Auf Los halten nun alle eifrig Ausschau. Wer eines der gesuchten Dinge entdeckt, ruft das sofort aus und macht einen Haken an seine Liste. Die anderen dürfen keinen Haken machen. Wer nach zehn Minuten die meisten Dinge entdeckt und abgehakt hat, gewinnt das Spiel.

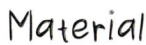

Material

- ✔ Papier
- ✔ Stifte

Dieses Spiel eignet sich besonders gut für Querfeldein-Fahrten über Bundes- und Ortsstraßen.

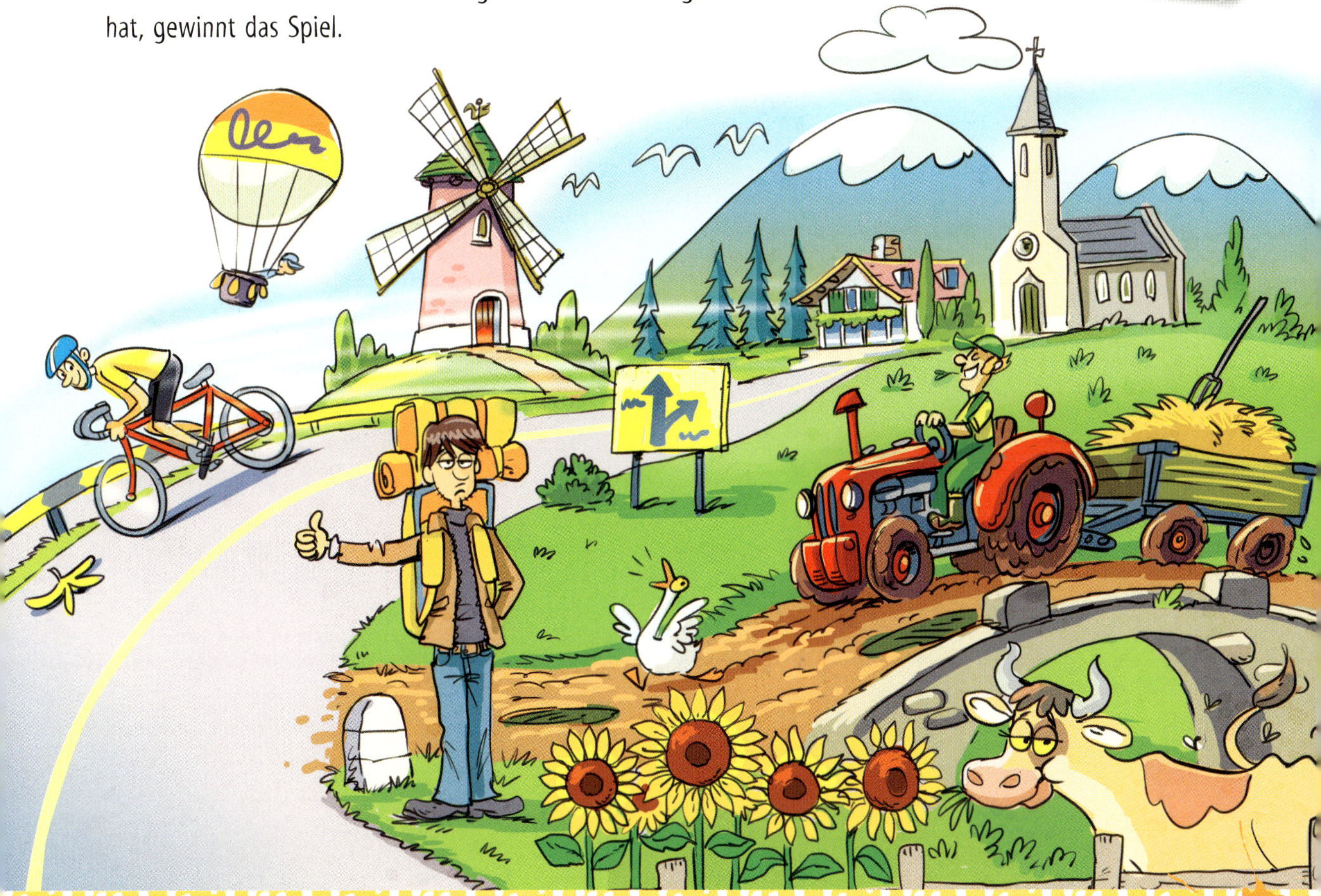

NUMMERNSCHILDER-SÄTZE

Besonders auf Autobahnen sieht man viele verschiedene Kennzeichen aus ganz Deutschland und von anderswo. Zur Aufheiterung langer Fahrten kann man daraus lustige Sätze bilden. Aus „HH-IL" könnte zum Beispiel dies werden: „Hans Huber isst Lollis." Aus „B-WR" wird „Bernd wird rot!" Und aus „K-DP" wird „Kannst du pupsen?"

Soll daraus ein Wettstreit werden, kann pro Satz ein Punkt vergeben werden. Wer dann nach einer zuvor festgelegten Zeit am meisten Punkte erzielt hat, gewinnt.

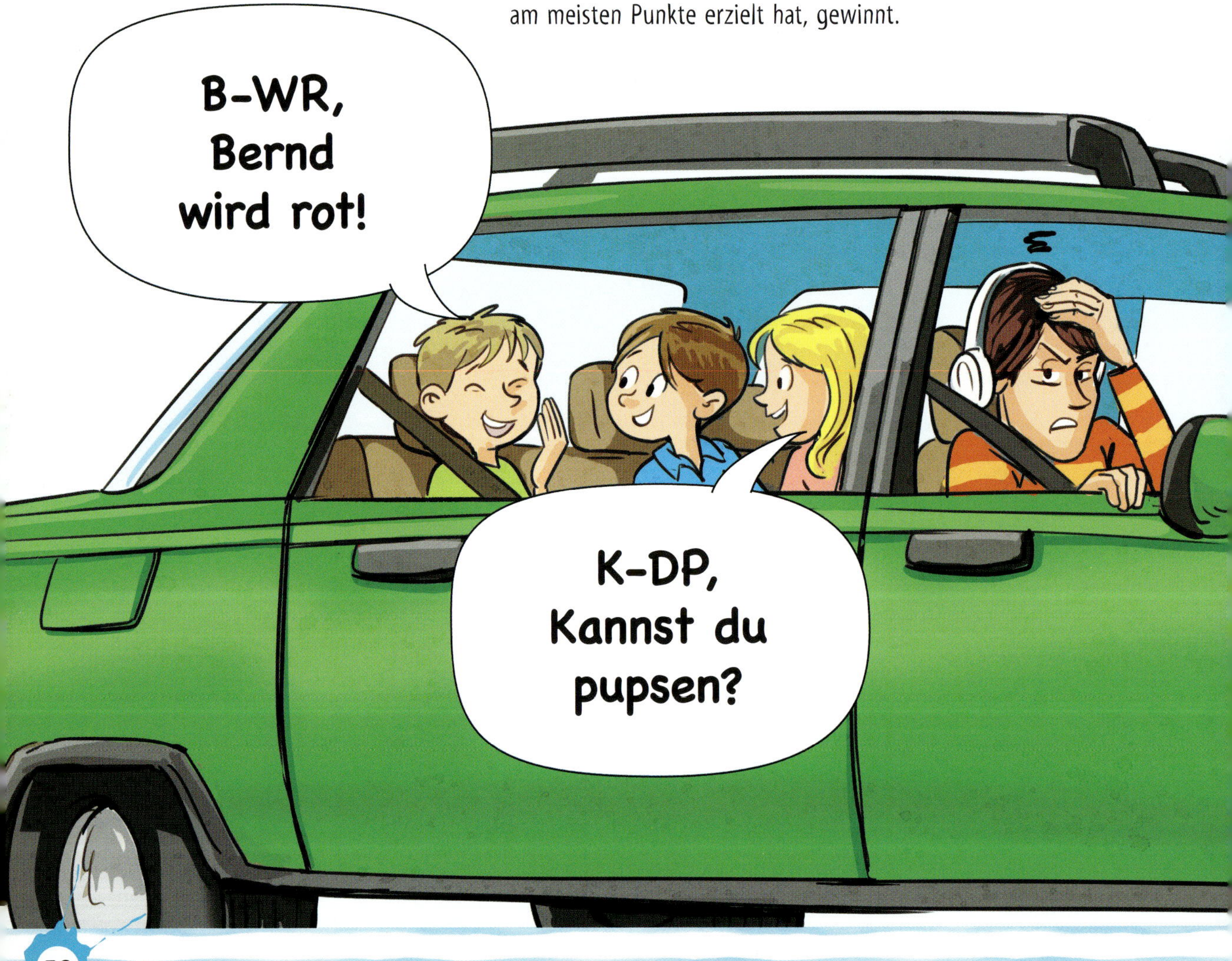

B-WR, Bernd wird rot!

K-DP, Kannst du pupsen?

Spieler mind. 2

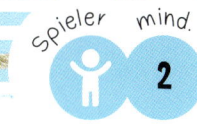

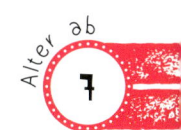

Nummernschilder-Zählerei

Alter ab 7

Die Kinder einigen sich, wer auf die schwarzen Autos achtet und wer auf die silbernen. Es gelten dabei nur die Fahrzeuge, die den eigenen Wagen überholen. Von den Nummernschildern der vorbeifahrenden Autos wird jeweils die erste Ziffer gezählt. Wer als Erster eine Summe von 20 erzielt, hat gewonnen. Können die Kinder schon weiter zählen, kann die Gewinnsumme entsprechend heraufgesetzt werden. Anschließend kann das Spiel erneut mit anderen Fahrzeugfarben gespielt werden.

Die Endziffern auf den Nummernschildern der vorbeifahrenden Autos zählen die Kinder zu Gewinnsummen zusammen.

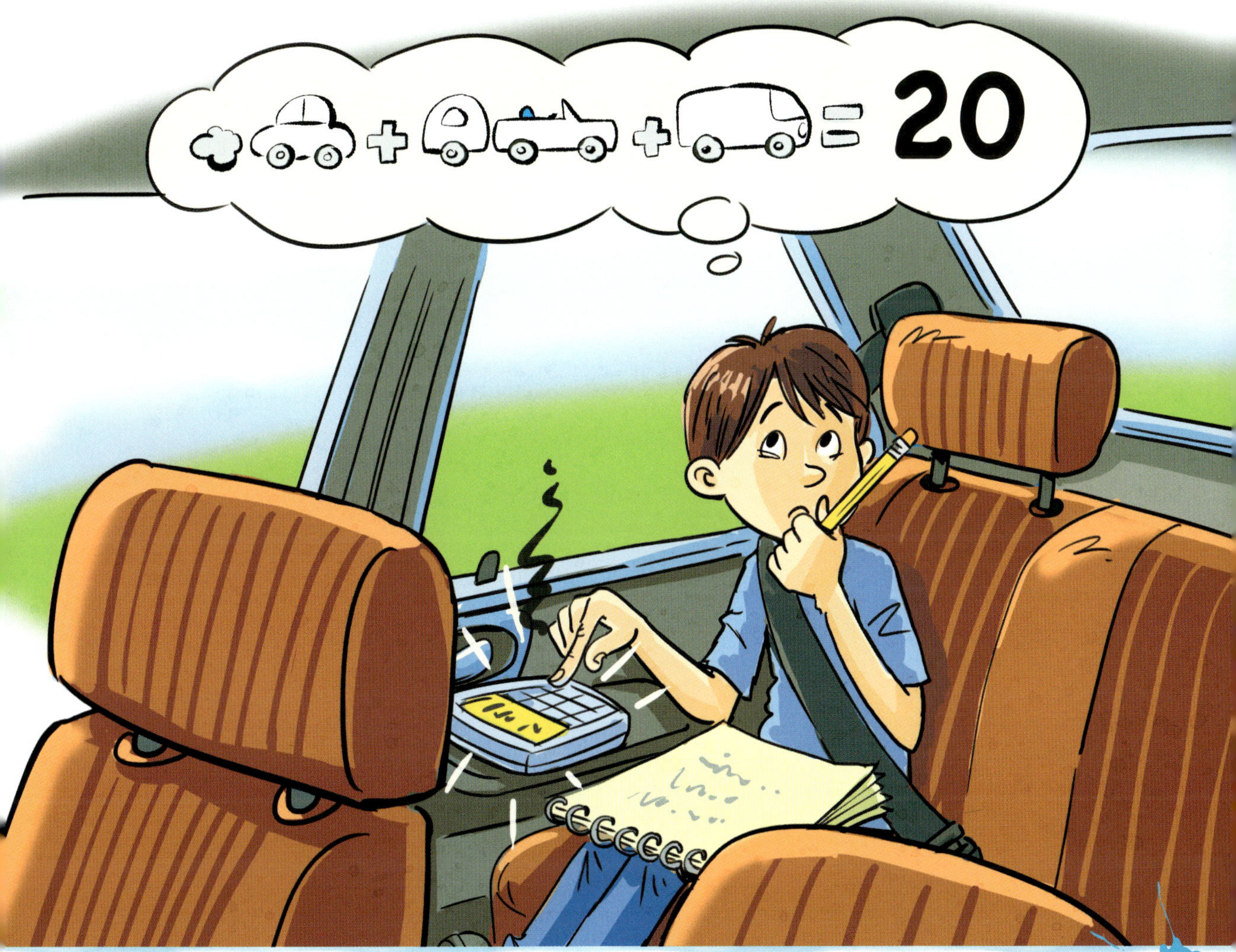

Spieler mind. 2

Alter ab 5

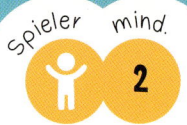

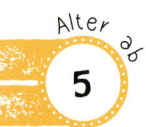

ICH SEHE WAS, WAS DU NICHT SIEHST …

Das beliebte Kinderspiel lässt sich auch unterwegs im Auto spielen – entweder im ruhigen Tempo in der Ortschaft oder extraschnell während der Fahrt auf der Autobahn.

Ein Spieler sucht sich ein beliebiges Objekt, das er außerhalb des Autos sieht, und sagt: „Ich sehe was, was ihr nicht seht, und das ist grün." Oder auch gelb, blau oder rot, je nachdem, welche Farbe das gesuchte Objekt hat. Die anderen Spieler müssen nun erraten, was der erste Spieler wohl meinen könnte. Dazu dürfen sie Fragen stellen, auf die dieser mit Ja oder Nein antworten kann, zum Beispiel: „Ist es ein Fahrzeug?", oder: „Ist es besonders groß?" Kommen sie der Lösung nicht näher, darf er weitere Tipps geben: „Ich sehe was, was ihr nicht seht, und das ist grün und aus Metall." Wer das gesuchte Objekt errät, darf sich ein neues suchen.

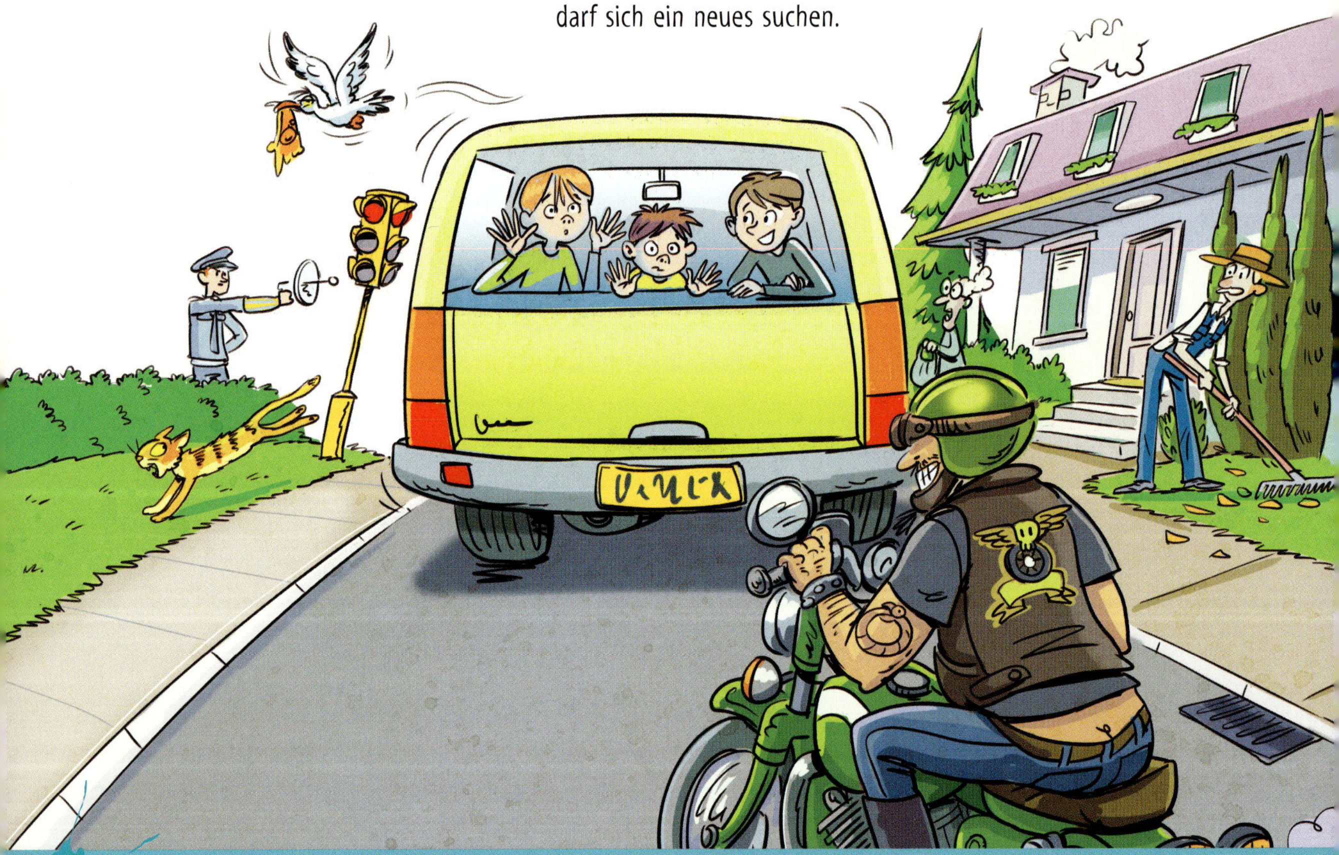

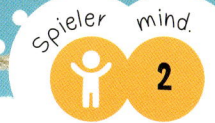

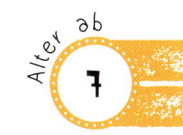

Spieler mind. 2

Wo geht's lang?

Alter ab 7

Ein Ortsplan dient als Spielfeld. Zu Spielbeginn werden alle Spielfiguren in ein mittleres Planquadrat gestellt. Dann wird reihum gewürfelt. Je nachdem, welche Zahl man würfelt, kann man die eigene Figur in eine bestimmte Himmelsrichtung ziehen:

1 = ein Feld nach Norden (oben), 2 = ein Feld nach Osten (rechts),
3 = ein Feld nach Süden (unten), 4 = ein Feld nach Westen (links),
5 = eine Runde aussetzen, 6 = ein Feld in eine beliebige Richtung.

Ziel ist es, seine Figur so schnell wie möglich ganz aus der Karte herauszubewegen. Wer als Erster den äußeren Rand der Karte überquert, hat gewonnen.

Ein Würfelspiel für unterwegs oder vor Reisebeginn

Material

- ✔ ein Stadt- oder Ortsplan mit gut sichtbaren Planquadraten
- ✔ ein Würfel
- ✔ je Kind eine Spielfigur (oder alternativ ein gefundenes Steinchen, eine Muschel oder Ähnliches)

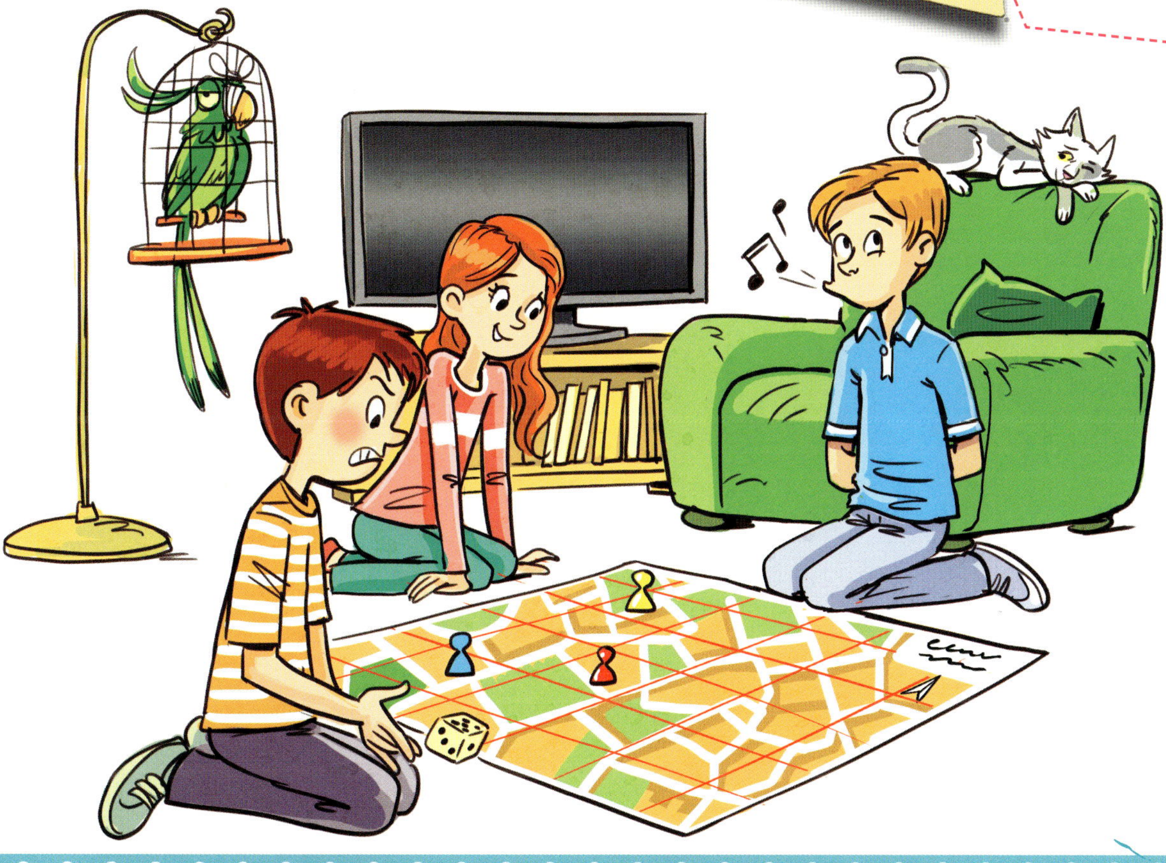

Spieler mind. 3

Alter ab 8

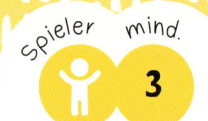

Taxi, bitte!

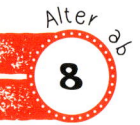

Material

- ein kleinerer Orts- oder Stadtteilplan
- verschiedenfarbige Woll- oder Bindfäden

Ein Tüftelspiel für clevere Kinder

Ein Ortsplan dient als Spielfeld. Ein Kind ist der „Fahrgast", die anderen sind die „Taxifahrer". Der Fahrgast sagt nun, von wo aus er wohin fahren möchte. Beispielsweise vom Bahnhof bis zum Hauptmarkt.

Nacheinander legen die Taxifahrer nun mit ihren Fäden eine möglichst kurze Strecke, die sie fahren würden. Sie dürfen dabei nur befahrbare Straßen wählen, also keine Radwege oder Einbahnstraßen. Haben sie das Ziel „erreicht", machen sie genau da einen Knoten in ihren Faden. Am Ende werden die Fäden nebeneinandergehalten und verglichen: Welcher Taxifahrer hat die kürzeste Strecke gefunden und somit gewonnen?

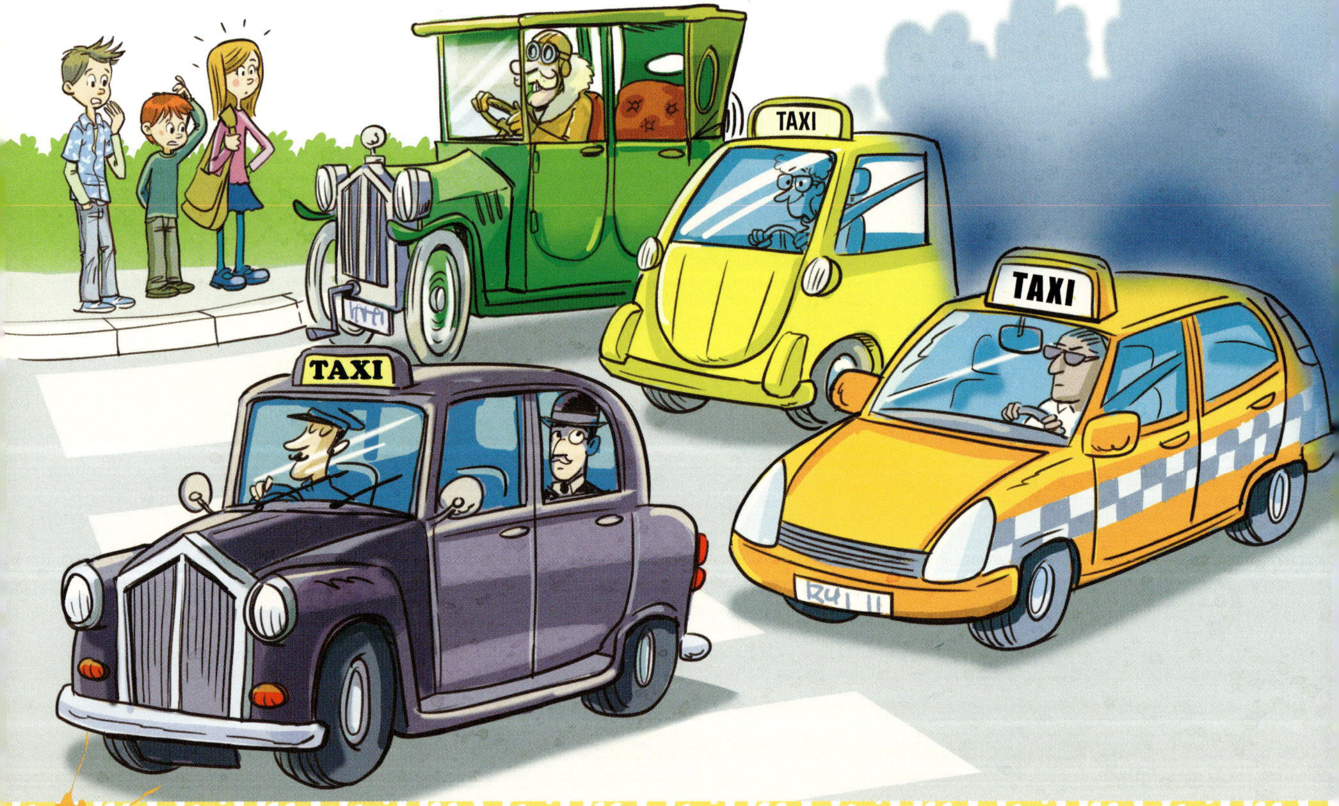

STADT, LAND, FLUSS

Zunächst werden die Spielbögen vorbereitet: Dazu zeichnen die Kinder vier bis sechs Spalten aufs Papier. Dann ordnen sie jeder Spalte eine Rubrik zu: „Stadt", „Land", „Fluss", „Name". Vielleicht ergänzen sie noch ein, zwei weitere Rubriken, auf die sich alle gemeinsam einigen, zum Beispiel „Tier", „Spielzeug" oder Ähnliches. Die Rubriken werden jeweils in die oberste Zeile einer Spalte geschrieben.

Nun geht es darum, zu jeder Rubrik passende Begriffe zu finden – pro Runde jeweils solche, die mit demselben Buchstaben beginnen. Dieser Buchstabe wird so ermittelt: Ein Kind sagt in Gedanken das Alphabet auf und ein anderes ruft irgendwann: „Stopp!" Das erste Kind nennt nun den Buchstaben, bei dem es stehengeblieben ist.

Alle Spieler schreiben jetzt so schnell wie möglich passende Begriffe mit diesem Anfangsbuchstaben in ihre Spalten. Wer als Erster fertig ist, ruft: „Fertig!", und sofort legen alle anderen ihre Stifte hin. Dann beginnt eine neue Runde mit einem anderen Anfangsbuchstaben. Ganz zum Schluss wird gezählt, wer wie viele Begriffe notiert hat. Wer hat die meisten gefunden?

Material
- ✔ einige Bögen Papier
- ✔ Lineale
- ✔ Stifte

Dieses Spiel ist wie gemacht für eine Reise! Denn man lernt lauter neue Orte, Menschen und Tiere kennen.

Texte: Petra Kulbatzki
Illustrationen: Dusan Pavlic, Vanessa Weuffel (Punktemuster),
© depiano – stock.adobe.com (unregelmäßiges Streifenmuster),
© Elena Chernina – stock.adobe.com (Tropfenmuster),
Kontrapunkt Satzstudio Bautzen (übrige Layoutelemente)